Otto Heermann

Die Gefechtsführung abendländischer Heere

im Orient in der Epoche des ersten Kreuzzugs

Otto Heermann

Die Gefechtsführung abendländischer Heere
im Orient in der Epoche des ersten Kreuzzugs

ISBN/EAN: 9783741190704

Hergestellt in Europa, USA, Kanada, Australien, Japan

Cover: Foto ©ninafisch / pixelio.de

Manufactured and distributed by brebook publishing software
(www.brebook.com)

Otto Heermann

Die Gefechtsführung abendländischer Heere

Die Gefechtsführung

abendländischer Heere im Orient in der Epoche des ersten Kreuzzugs.

INAUGURAL-DISSERTATION

zur

Erlangung der Doctorwürde

bei der

hohen philosophischen Facultät der Universität Marburg

eingereicht von

Otto Heermann

aus Hersfeld.

Marburg.

ersitäts-Buchdruckerei (R. Friedrich).

1887.

Seinem hochverehrten Lehrer, dem Herrn

Professor Dr. Max Lenz

zu Marburg

in Dankbarkeit gewidmet

vom Verfasser.

Inhalt.

Als der Plan zu der vorliegenden Arbeit entstand, waren über die Gefechtsführung der mittelalterlichen Lehnsheere noch nicht viel mehr als die wenigen Zeilen Baltzers[1]) und die dürftigen Ausführungen Rüthnings[2]) geschrieben. Von den Verfassern grösserer Werke schliessen sich Waitz[3]) und Jähns[4]) zum Teil an Baltzer an und bringen für unsere Frage nur wenig. Schulz[5]) hat aus seinen meist dichterischen Quellen von einer geordneten Gefechtsführung nichts erfahren, und auch aus den meist sehr dürftigen und ohne Anschauung niedergeschriebenen Angaben der deutschen Klostergeistlichen jener Zeit hat eine nur einigermassen klare Vorstellung dieser Dinge nicht gewonnen werden können.

Viel bessere Ausbeute für die Geschichte der mittelalterlichen Taktik versprachen die Quellen für die Periode des ersten Kreuzzuges. Hier finden wir welterschütternde Waffenthaten unter den vornehmsten Kriegshelden der abendländischen Christenheit, aus den Nationen, in denen ritterliche Kultur und Kriegskunst sich am schönsten und glänzendsten entfalteten, Schlachten so gross und zahlreich und enggedrängt, so mannigfaltig in dem Wechsel des Terrains, der Gegner, aller Verhältnisse, wie kaum je vor- und nachher im Mittelalter. Wenn ferner

---

1) Baltzer, Zur Geschichte des deutschen Kriegswesens in der Zeit von den letzten Karolingern bis auf Friedrich II. 1877. (Seite 97).

2) Rüthning, Der Festungskrieg und die Schlachten im deutschen Reiche vom Anfang des X. bis zur Mitte des XIII. Jahrhunderts. Halle 1880. Diss. (Seite 33 ff.).

3) Waitz, Deutsche Verfassungsgeschichte, VIII.

4) Jähns, Handbuch einer Geschichte des Kriegswesens von der Urzeit bis zur Renaissance. 1880. Seite 535 ff.

5) Schulz, Das höfische Leb. z. Zeit d. Minnesinger. 2 B. 1879, 1880.

für spätere Zeiten die Frage aufgeworfen ist, ob und was etwa in Waffen- und Kriegsführung die Abendländer von den Orientalen, seien es Griechen oder Muslims, gelernt haben, so ist dieselbe bei dem ersten grossen Zusammenstoss von Morgen- und Abendland noch kaum am Platze. Denn auch zugegeben, dass ein Fortschritt der Entwicklung unter den neuen Bedingungen möglich, ja selbst notwendig war, so müssen die Kreuzfahrer doch die Elemente ihrer Taktik aus der Heimat mitgebracht haben. Es muss also die abendländische Kampfweise gewesen sein, mit der sie im Orient gesiegt haben. Kommen wir hier zu fester Anschauung, so ist eine sichere Basis gewonnen, von der aus wir die Kämpfe daheim in der gleichen Periode beurteilen können, und die auch für die Auffassung der vorhergehenden und nachfolgenden Zeiten, und nicht bloss nach der militärischen Seite, von Bedeutung werden muss.

Es kam nun aber für die Wahl unseres Gegenstandes als ausschlaggebend hinzu, dass die grosse Zahl und der hohe Wert der zu Gebote stehenden Quellen den Forscher vielfach zu klarerer Anschauung hindurchdringen lassen, als es bei anderen Ereignissen der mittelalterlichen Kriegsgeschichte möglich ist. Ausser einer Anzahl fleissiger Compilatoren, unter denen Albert von Aachen und Wilhelm von Tyrus die wichtigsten sind, haben eine Reihe von Augenzeugen, wie Fulcher von Chartres, Raimund von Agiles, der unbekannte Verfasser der »Gesta Francorum«, Gautier von Antiochien, zum grossen Teil ein und dieselben Ereignisse aufgezeichnet. Wenn sie auch Geistliche waren, so haben sie doch den leitenden Persönlichkeiten nahe gestanden und den kriegerischen Ereignissen ein lebhaftes Interesse entgegengebracht. Die Kapläne Raimund und Fulcher treffen wir sogar mitten im Kampfgewühl in der Nähe der ihnen wol vertrauten Fürsten.

Schon Heinrich von Sybel hat es daher in der Einleitung zu seiner »Geschichte des ersten Kreuzzugs«[1]) als nicht

---

1) Seite 28 der ersten Auflage, Seite 29 der zweiten.

vollkommen berechtigt hingestellt, dass Michaud die Herstellung von Schlachtplänen, Marschordnungen u. dgl. aus diesen »ungebildeten« Schriftstellern für unmöglich halte und dass neuere Darsteller wie Wilken und Raumer, nach dem Ergebnis ihrer Arbeiten zu schliessen, dieselbe Resignation gehabt hätten. Doch ist er selbst nicht eben so sehr viel tiefer in die Taktik der Kreuzheere eingedrungen. Auch Kugler, dessen Untersuchung über »Albert von Aachen«[1]) während der Ausarbeitung meiner Abhandlung erschien, hat diesen Gegenstand nur gelegentlich berührt. Als ihre Resultate bereits festgestellt waren, kamen dann freilich die Bücher von Delpech[2]) und Köhler[3]), welche die gleichen und ähnliche Fragen in grossem Zusammenhang behandeln, in des Verfassers Hände. Das Werk von Köhler, dessen Schlussband mit den allgemeinen Resultaten noch aussteht, hat aber bisher die orientalischen Kämpfe unserer Periode nicht berücksichtigt. Und Delpech liefert zwar in manchen Punkten ähnliche, in der Hauptsache jedoch so verschiedene Ergebnisse, dass wesentlich nur die Kritik dieses Buches das Aussehen unserer Abhandlung verändert hat.

Die Anordnung derselben ist der Köhlers ähnlich: jede Schlacht ist zunächst für sich untersucht und das taktische Ergebnis möglichst herausgehoben worden; am Ende wurden die analogen und differirenden Momente kurz zusammengefasst. Hinsichtlich der Citate bemerke ich, dass die Originalquellen dem Texte unmittelbar nachgesetzt, die abgeleiteten in der Regel nicht ausgeschrieben oder in Anmerkungen angeführt sind. Auslassungen sind durch ein Kreuzchen (†) bezeichnet.

---

1) B. Kugler, Albert von Aachen. 1885.

2) Delpech, La Tactique au XIIIme Siècle. 2 vols. 1886.

3) Köhler, Die Entwickelung des Kriegswesens und der Kriegführung in der Ritterzeit. Zwei Bände. 1886.

Abkürzungen.

Raim. = Raimundus de Aguiler, Historia Francorum qui ceperunt Jherusalem. 1095–1099. (Recueil des Historiens des Croisades. Historiens Occidentaux. III. p. 231 ff.)

Fulch. = Fulcherius, Gesta Francorum Jherusalem peregrinantium. 1095–1127. (Rec. Hist. Occ. III. p. 311 ff.).

Gesta = Gesta Francorum expugnantium Jherusalem. 1095–1099. (Rec. Hist. Occ. III. p. 119).

Ekk. = Ekkehardi Uraugiensis abbatis Hierosolymita. (Ausgabe von Hagemeyer 1877).

Gaut. = Gauterii Antiochena bella. (Ausgabe von H. Prutz).

Rad. = Radolfus Cadomensis, Gesta Tancredi in expeditione Hierosolymitana. 1096–1108. (Rec. Hist. Occ. III. p. 587 ff.).

Alb. = Albertus Aquensis, Historia hierosolymitana. 1095—1121. (Rec. Hist. Occ. IV. p. 265 ff.).

Wilh. = Willermus Tyrensis archiepiscopus, Historia rerum in partibus transmarinis gestarum. 1095—1184. (Rec. Hist. Occ. I. p. 1 ff.).

Baldr. = Baldricus episcopus Dolensis, Historia Jerosolimitana. (Rec. Hist. Occ. IV. p. 1 ff.).

Rob. = Robertus Monachus, Historia Jherusolymitana. (Rec. Hist. Occ. III. p. 417 ff.).

Guib. = Guibertus abbatus monasterii S. Mariae Novigenti, Historia quae dicitur Gesta Dei per Francos. (Rec. Hist. Occ. IV. p. 112 ff.).

Sybel = Heinrich von Sybel, Geschichte des ersten Kreuzzugs; 2 Aufl. 1881.

Kugler = Bernhard Kugler, Albert von Aachen.

Delpech = Delpech, La Tactique au XIIIme Siècle.

I.

Schlacht bei Doryläum,

1. Juli 1097.

(Fulch. 334. Gesta 128. Raim. 240. Rad. 620.)

Die Schlacht bei Doryläum ist in den wesentlichen Zügen auf Grund der Quellen zu schildern, welche Heinrich von Sybel als die für die Geschichte des ersten Kreuzzuges fundamentalen erwiesen hat. Mit vollem Recht hat dieser Albert von Aachen bei Seite geschoben: selbst Kugler (S. 34) rechnet fast den ganzen Schlachtbericht desselben der Liedertradition zu. Dem Radulf von Caen hat Sybel vielleicht noch zu viel Vertrauen geschenkt. Wenn auch zugegeben werden mag, dass er teilweise mit den Darstellungen der Augenzeugen übereinstimmt, teilweise sich in dieselben einfügen lässt und hier und da durch spätere Ergebnisse gestützt wird, so ist doch nicht unbeachtet zu lassen, dass er weit über ein Jahrzehnt nach den Ereignissen schreibt, dass er dieselben in rhetorischer und poetischer Form darstellt, und vor allem, dass seine späteren Schlachtschilderungen von groben Irrtümern ganz entstellt sind.

Aber auch die Hauptquellen stimmen nicht vollkommen mit einander überein. Raimund war dem ersten Kampf der Südarmee fern; er richtet daher sein Augenmerk wesentlich auf die Nordarmee und erzählt den Hauptteil der Schlacht nur ganz summarisch. Immerhin verleiht ihm auch hierfür die für ihn charakteristische Darstellung grosse Glaubwürdigkeit; er sagt, wo ihm sein Wunderglaube nicht ins Spiel kommt, nur was er sicher weiss. Und wenn er auch phantastische Erzählungen der wilderregten Kriegerscharen, die Anfänge des später so breit dahinflutenden Sagenschwalles, diesem wie anderen Schlacht- und Kriegsberichten einflicht, so sind doch solche Stücke hier wie anderswo leicht aus seiner anschaulichen und schmucklosen Darstellung auszuscheiden[1]). Mit Recht ist er daher von Sybel als leitende Quelle angesehen worden.

Fulcher war im Lager der Südarmee, also Zeuge des Kampfes. In späteren Teilen ein einfacher, schlachtenkundiger Erzähler, ist er in diesen ersten Teilen seines Werkes aufgeregt und unklar. Weiterhin seltenere Ausrufe der Trauer, der Freude, fromme Ergüsse, Bilder u. dgl. begleiten die Erzählung des Kampfes im Thal von Doryläum wie den Hinmarsch nach Asien und die Belagerung von Nicäa; von Aufmarsch und Gefechtsordnung erfahren wir fast nichts. Das ist ja erklärlich genug, da eine ganz neue Welt den Schriftsteller umgab und ihn damals gerade der Schrecken der Schlacht in allerbedenklichster Nähe umtobte; auf die Beobachtung der taktischen Dinge aber musste es ungünstig wirken.

Noch anders liegt die Sache bei den Gesten, über deren Charakter wir zunächst einige allgemeine Bemerkungen vorausschicken müssen.

Sie sind ohne Frage aus verschiedenartigen Bestandteilen zusammengesetzt. Zu Grunde liegen die Erlebnisse eines Augenzeugen, dessen Aufzeichnungen tagebuchartig überall in der ursprünglichen Form hindurchblicken; man erkennt sie an dem nüchternen Ton, in der Hervorhebung der Stationen, der Marschrouten, der Art der Proviantierung, ferner in den sehr häufigen und richtigen Zahlenangaben, sei es dass sie sich auf die Dauer oder auf die Datierung der Ereignisse beziehen; vor allem in

---

1) Raim. (240 f.): fertur quoddam insigne miraculum, sed nos non vidimus, quod duo equites armis choruscis, et mirabili facie, exercitum nostrum praecedentes, sic hostibus imminebant, ut nullo modo facultatem pugnandi eis concederent. Haec autem quae dicimus ab illis, qui eorum consortium spernentes nobis adhaeserunt, didicimus. Quod pro testimonio adducimus, tale est: Per primam et alteram diem, juxta viam equos inimicorum mortuos cum dominis ipsis reperimus.

der ersten Person Pluralis, die diesen Stücken fast durchweg eigentümlich ist. Diesen Charakter tragen hauptsächlich alle Marschberichte. Die dazwischenliegenden Partien, namentlich die Schlachtschilderungen deuten dagegen auf eine Überarbeitung der ursprünglichen Aufzeichnungen hin. Hier wiegt die dritte Person vor. Und dass hier sei es der ursprüngliche Verfasser oder eine andere Hand thätig gewesen ist, geht besonders klar aus solchen Stellen hervor, in denen die erste und zweite Person abwechseln und oft ganz unvermittelt neben einander gebraucht sind[1]). Die Schlachtdarstellungen sind ferner durch zahlreiche und längere Reden vor anderen Teilen ausgezeichnet. Es werden namentlich die mohammedanischen Fürsten, Boemund und der Kaiser und wer sie umgab in direkter Rede eingeführt. Teilweise sind dieselben ganz phantastisch, so die des Sensadolus, des Kerbogha, seines Emirs und die seiner Mutter (S. 142—145 Kap. 28—32), die Gespräche Stephans, Widos und des Kaisers (S. 184—149 Kap. 37), die Klage des Sultans von Kairo (S. 163 Kap. 54). Ihre Verwandtschaft mit der Liedertradition ist bei den meisten schon von Kugler erkannt worden[2]). Hiernach müssen wir auch die anderen Reden nachträglicher Überarbeitung zuweisen, wenn sie auch weniger phantastisch und kürzer als die genannten sind. Man vergleiche nur die überschwänglichen und dichterisch gefärbten Reden vor und in der Schlacht am See von Antiochien (S. 136—137 K. 15—16), die theatralische Ansprache

1) Kap. 39: »postquam vero fuerunt foris de urbe«, während kurz vorher »nos ordinati exivimus per portam« gesagt worden war; ferner heisst es (Kap. 39) »nostri vero paulatim militabant«, während gleich darauf folgt »nos ÷ itaque equitavimus«. Ganz deutlich erkennt man die Bruchlinien in einem Satz aus dem ersten Buch (Kap. 9) »tunc exeuntes inde venerunt ÷ de villa in villam, de civitate in civitatem, de castello in castellum, quousque pervenimus Castoriam, ibique nativitatem Domini ÷ celebravimus«. Und ganz ebenso L. III, cap. VII: »Crastina vero die pervenerunt usque ad Antiochiam media die in quarta feria, quae est duodecima Kal. Novembris, et obsedimus mirabiliter tres portas civitatis.«

2) Kugler 101, 122, 141, 152.

Boemunds an seine Truppen (S. 134 K. 12), die Zurechtweisung der Deserteure (S. 135 K. 13) und die dramatisch bewegte Scene vor Tarsus (S. 130—131 K. 2—3). Alle diese Partien unterscheiden sich von der nüchternen, kurzen Darstellung der anfangs erwähnten Stücke durchaus. Auch in anderen Teilen der Schrift, wie den Erzählungen, die mit den Kämpfen um Antiochien in Verbindung stehen, hat Kugler bereits Anklänge an die uns erhaltenen Lieder entdeckt[1]). Wieder andere Angaben verraten sich sogleich durch ihren phantastischen Inhalt: Die Seldjuken entflohen aus Furcht vor einem Meteor aus den Bergen von Antiochien (Kugler 131); die Aegypter wurden bei Askalon mit Blindheit geschlagen, sodass sie die Christen nicht sehen konnten (S. 162 K. 53); am See von Antiochien eilte der Bannerträger Boemunds, nachdem dieser eine phantastische Anrede an ihn gerichtet, ins Kampfgewühl, durch das Zeichen des Kreuzes ringsum fest gemacht; gleichwie ein Löwe, der drei bis vier Tage gehungert hat, ausgeht aus seiner Höhle, brüllend und dürstend nach dem Blut der Schafe, und unversehens unter die Heerden stürzt, die Schafe zerfleischend und sie hierhin und dorthin verscheuchend: so fuhr jener unter die Scharen der Türken; so heftig drang er auf sie ein, dass die Zipfel des ruhmvollen Banners über die Köpfe der Türken dahinflatterten (S. 136—137 K. 16).

Rechnen wir noch hinzu, dass auch in den nüchterneren Teilen sich grobe Irrtümer vorfinden, die wol weniger auf Rechnung der Phantasie als einer mangelhaften Überlieferung oder etwa flüchtiger Benutzung der ursprünglichen Quelle zu setzen sind — z. B. lassen die Gesten den Eckturm Nicäas sehr frühzeitig fallen (Kugler 31) und geben beim Ausmarsch der Heere

---

1) Seite 80: Entsendung Tankreds in die westlich von Antiochien liegende Burg; 96: Gefecht an der Orontesbrücke; 112: Der Sohn des Firuz wird Geisel; 113: Tötung von Firuz' Bruder; 135: Kampf von drei Kriegern in einem Turm; 137: Boemunds Brandstiftung; 153: Erscheinen von St. Georg, St. Merkur und St. Demetrius; 154: Das Feuerzeichen in der Schlacht bei Antiochien; 173: Streit zwischen Boemund und Raimund um das Aufstecken des Banners auf der Citadelle von Antiochien.

aus Antiochien im Juni 1098 Zahl und Reihenfoge der Schlachthaufen unrichtig an (s. u.) —, so ergibt sich, dass der Wert der Gesten nicht so unbedingt in allen Teilen gleich ist, wie Sybel es hingestellt hat, und dass wir in ihnen die ausschmückende Überarbeitung eines Tagebuchs zu erkennen haben. Immerhin werden wir sagen dürfen, dass dieselbe, wenn sie nicht von dem Verfasser der ersten Aufzeichnungen selbst vorgenommen ist, doch von einem Vertrauten Boemunds herrühren muss, der seine und vielleicht noch Anderer Eindrücke in den ursprünglichen Text hineingewebt hat.

Auch der Schlachtbericht von Doryläum ist von der Bearbeitung nicht verschont geblieben. Kommt freilich wohl die erste Person mehrmals vor (Seite 128 Kap. 1: nos nequivimus; pertulimus gradum; S. 129 Kap. 2: nos persecuti sumus; ignoramus), so tritt doch auch die dritte einigemal auffallend auf (S. 128 Kap. 1): »surrexerunt nostri, et quia nox erat, non viderunt tenere unam viam, sed sunt divisi per duo agmina, et venerunt divisi per duos dies.« Ferner heisst es (S. 128 K. 2): »mirabantur nostri, valde unde esset exorta tanta multitudo Turcorum et Arabum et Saracenorum et aliorum, quos enumerare ignoro; quia pene omnes montes et colles et valles et omnia plana loca intus et extra undique erant cooperta de illa excommunicata generatione.« Beide Sätze sind auch inhaltlich verdächtig. Der erste ist an sich ganz unwahrscheinlich; der zweite enthält starke Übertreibungen, die noch dazu wörtlich in der ganz phantastischen Rede des flüchtigen Kilidj-Arslans wiederkehren (S. 130 K. 1): »vidi tam innumerabilem gentem eorum, ut † aliquis † putaret, quod omnes montes et colles vallesque et omnia plana loca plena essent illorum multitudine.« Die Worte, welche sich an erster Stelle auf die Türken beziehen, werden gleich darauf ganz unrichtig auf die Franken angewandt. Nimmermehr kann dies Alles im Zusammenhang niedergeschrieben sein, und schwerlich von einer Hand herstammen. Die Darstellung ist ferner von Reden durchsetzt, welche offenbar zu den interpolierten oder überarbeiteten Stücken gehören. Die schon genannten Worte Kilidj-Arslans, wie überhaupt seine Erlebnisse auf der Flucht von Doryläum (S. 130 K. 1) sind Produkte der Phantasie. Der Befehl Boemunds an seine Truppen zeigt bedenkliche Ähnlichkeit mit seinen vorerwähnten Worten vor der Schlacht am Antiochenischen See; denselben Stil, ja teilweise dieselben Wendungen und Ausdrücke. Und endlich erscheinen die den Führern der Nordarmee in den Mund gelegten Worte (S. 128 K. 1): man habe die Nachricht Boemunds für Trug gehalten, ganz unwahrscheinlich; denn nach Raimund (240D) greift, sowie nur der Bote ins Lager kommt, Alles »certatim« zu den Waffen. Auch die formelhaften, in anderen Schlachten wiederkehrenden Wendungen (S. 128 K. 1): »Turci undique jam erant circumcingentes nos, dimicando et jaculando et † sagittando« sowie die Häufung der ausschmückenden Beiwörter (S. 128 K. 1): »egregio comiti de S. Aegidii, inclito duci Godefrido, honestissimo Podiensi Episcopo, dux Godefridus audax et fortis, (S. 128 K. 2:) sapiens Boemundus, prudens Tancredus, honestissimus miles Rodbertus de Ansa, inclitus Richardus, fortissimus miles Raimundus, honorabilis dux Godefridus, acerrimus miles Flandrensis« sind nicht geeignet, das Vertrauen zu diesem Schlachtbericht zu erhöhen. Robert von Ansa und Richard Princeps werden ferner in Albert'scher Weise als selbständige Fürsten neben Boemund gestellt, während sie früher (S. 126 K. 3) als dessen Vasallen aufgeführt worden sind.

Die Schlachtberichte der Gesten würden uns nach dem Gesagten wenig brauchbar sein, wenn wir nicht annehmen könnten — und das wird vielfach durch die anderen Quellen bestätigt —, dass gerade die nüchternen, die Taktik, zumal die Gefechtsordnung beteffenden Aufzeichnungen am wenigsten unter jener Ausschmückung gelitten haben.

In der Ebene von Doryläum hatte Kilidj-Arslan einen Überfall der südlich marschierenden Hälfte des grossen Kreuzheeres geplant. Am 30. Juni erhielten die Christen die erste Kunde[1]); in der Frühe des folgenden Tages setzten sie sich gefechtsbereit in Marsch. Reiterei und Fussvolk waren in kleinere und grössere Abteilungen gegliedert, die im Verhältnis der Über- und Unterordnung standen[2]).

Fulch. (334 B.): mane autem, quod accidit kal. Julii, sumptis armis, monente cornu, adversus eos per alas constituti, tribunis et centurionibus cohortes et centurias decenter ducentibus, vexillis levatis, ordinate ire coepimus.

Auf die Meldung der auf die feindliche Vorhut[3]) gestossenen Recognoscierungstruppen gab Boemund als Höchstkommandierender[4]) dem Fussvolk und auch der Reiterei Befehl, an einem

1) Fulch. (634 A.): III. kal. Julii a Nicaea discessimus, interiores Romaniae partes adituri . sed cum per duos dies iter egissemus nostrum, nuntiatum est, quod Turci praetensis nobis insidiis in planis, per quae transituros nos putabant, praeliaturi expectabant . † sed cum vespere illo speculatores nostri plures ex illis a longe aspexissent. — Übrigens bedarf die Chronologie des Marsches von Nicäa bis zum Vorabend von Doryläum, über welche die Hauptquellen differiren, noch der Untersuchung.

2) Delpech's Ansicht (II, 150), man habe gleich grosse taktische Abteilungen von 100 und 50 Mann gebildet, stützt sich auf Wilhelm von Tyrus, der die Worte seines Originals (Fulcher) »tribunis et centurionibus« willkürlich ändert in »quinquagenariis et centurionibus«; aber auch Fulcher's Ausdrücke sind, wie alle ähnlichen von mittelalterlichen Schriftstellern dem Altertum entlehnten, nicht in der alten Bedeutung zu nehmen; die Worte »cohors, ordo, ala, legio, acies, cuneus, manipulus, turma« u. s. w. bezeichnen nur unbestimmte Abteilungen, die kaum anders als mit »Schar«, »Haufe« übersetzt werden können. Der Entstehung der Lehnsheere gemäss muss die Grösse ihrer Abteilungen ganz verschieden gewesen sein. Darüber in einer späteren Abhandlung.

3) Abweichend von Fulcher lassen die Gesten den Boemund selbst die ersten Türken sehen und zwar gleich in unzählbarer Masse. Fulcher hat hier offenbar das Richtige.

4) Die Oberbefehlshaberschaft Boemund's bezeugen ausser den Gesten (s. o.) noch Raimund (240 D. cumque – sc. Boamundus — tentoria disponeret figere † . dumque ordines † instruit et bellum disponit †) und Radulf (623 B. Boamundo † prohibente, res coepta vix comites aliquot elicere impetravit †,. egressum negabat, ne forte paucorum temeritas rei ordinem turbaret universum), während Fulcher ihn nicht nennt (s. o.).

Sumpfe ein Zeltlager aufzuschlagen, um die Krieger durch Ablegen ihres Gepäckes kampffähig zu machen[1]).

Fulch. (334 C.): hora itaque diei secunda ecce praecursores eorum speculatoribus nostris appropiaverunt. quod cum audiremus, tentoria nostra juxta quoddam harundinetum metari fecimus, ut expeditius, clitellis depositis, promptiores ad bellandum essemus.

Gesta (S. 128 K. 1): sapiens vir Boamundus videns innumerabiles Turcos procul stridentes et clamantes daemonica voce, protinus jussit omnes milites descendere et tentoria celeriter extendere.

Raim. (240 D.): cumque (Boamundus) † tentoria disponeret figere †

Rad. 621 D.

Boemund liess sogleich die Reiterei wegen der Nähe der Feinde wieder aufsitzen und überliess die Lagerarbeit[2]) dem Fussvolk allein[3]).

---

1) Mit der Behauptung, man habe schnell eine Verschanzung hergerichtet, stehen Wilhelm (130) und die, welche ihm folgen, Sybel (293) und Delpech (II, 151), allein da. Es wäre nach der Lage der Dinge dazu schwerlich Zeit gewesen. Letzterer redet sogar nach Wilhelms Vorgang von einer Wagenburg. Es ist aber kaum zweifelhaft, dass das Kreuzheer keine Wagen besass; alle Quellen ausser Albert und Wilhelm schweigen von denselben und reden bei Nennung des Trosses immer nur von Saumtieren. Wie hätte man auch über Ströme und Gebirge, die kaum von den Reitpferden überschritten werden konnten, mit Wagen fortkommen können! Albert oder seine Quelle denkt an die Verhältnisse seiner Heimat und Wilhelm schreibt ihm nach. Auch hierüber behalte ich mir Näheres vor.

2) Der Herausgeber im Recueil scheint, nach der Interpunktion zu urteilen, hinter »pedites« »eant« und nach »prudenter« »obviam illis« zu ergänzen und »citius extendant tentoria« auf »milites« und »pedites« zu beziehen. Uns scheint diese Deutung ganz unnötig und ausserordentlich erkünstelt zu sein; ausserdem wird dadurch eine Vereinigung mit Radulfs Behauptung, das Fussvolk habe im Gefecht im Rücken der Kavallerie gestanden, erschwert.

3) Stehen auch die Gesten mit dieser Angabe allein, so passt sie doch trefflich in die Situation. Wird ein Feldherr das ganze Heer beim Nahen des Feindes mit Lagerarbeiten beschäftigen, zumal wenn die

Gesta (S. 128 K. 1): priusquam tentoria fuissent extensa, rursus dixit omnibus militibus: »Seniores et fortissimi milites Christi, ecce modo bellum angustum est undique circa nos. igitur omnes milites eant viriliter obviam illis, et pedites prudenter et citius extendant tentoria.«

Nach der Herstellung des Lagers erschienen die überlegenen Scharen der türkischen berittenen Bogenschützen[1]) in unmittelbarer Nähe der Kavallerie, welche in einiger Entfernung[2]) vom Lager Aufstellung genommen hatte.

Fulch. (334 D.): quo facto en Turci † aderant † qui omnes insimul erant deputati numero 360000 pugnatorum, scilicet sagittariorum. mos enim eorum est, talibus uti armis. equites erant omnes. nos autem utrimque pedites et equites.

Wilh. 130.

Über die Gefechtsstellung des Kreuzheeres erfahren wir sehr wenig: nur Raimund redet von einer Bildung von Schlachthaufen (ordines), Fulcher von einer Gliederung in Abteilungen und Unterabteilungen (s. o.), und aus Radulf geht wol eine Treffenstellung hervor, die aus drei Schlachthaufen gebildet wurde[3]).

Kavallerie die Hauptwaffe ist? Wann sollte sich sonst die Kavallerie in Gefechtsordnung gestellt und vom Lager entfernt haben?

1) Nach einer formelhaften Wendung der Gesten (S. 128 K. 1) haben die Orientalen auch Speere geschleudert: »postquam vero hoc totum factum est, Turci undique jam erant circumcingentes nos dimicando et jaculando et mirabiliter longe lateque sagittando.

2) Dies geht aus der Flucht nach dem Lager hervor (s. u.).

3) Nach Radulf (621 D.) kam es zunächst zu einem Zusammenstoss zwischen gewissen christlichen Truppen und einer kleineren Schar Türken; als letztere geworfen waren, stiess man bei der Verfolgung auf die »densati cunei« der feindlichen Armee. Jetzt mussten die Christen weichen. Inzwischen waren zwei Corps unter Roberts und Boemunds Führung zur Unterstützung (subvenire) ihrer Kameraden »gradatim« herbeigekommen. Es begann ein hitziger Kampf. Da die Südarmee nur drei Hauptführer: Tankred, Robert und Boemund hatte (s. u.), so ist anzunehmen, dass die zuerst ins Gefecht gekommenen Truppen das Corps

Das Gefecht endete mit der Flucht der Christen nach ihrem Lager; vom Feinde, wie es scheint, umfasst, waren sie nicht im Stande gewesen, den Fernwaffen[1]) wirksam zu begegnen. Ihre Verluste waren schwer.

Fulch. (334 E.): nobis vero tunc deerant dux Godefridus †. † unde nobis instaurabile damnum accidit tam de nostris interfectis quam de Turcis non occisis vel retentis. † Turci autem ululatibus concrepantes et pluviam sagittarum vehementer emittentes; nos illico stupefacti mortique proximi, etiam multi laesi † mox dorsa fugae dedimus †. † et cum usque ad tabernacula nostra jam fugati essemus †

Das Fussvolk hatte nach einer glaubwürdigen Nachricht der Gesten, wie wir gesehen haben, das Lager aufgeschlagen, während die Reiterei dem Feinde entgegenritt. Es musste sich also wol während des Gefechts im Rücken der Kavallerie in der Nähe des Lagers befinden. Dies bestätigt Radulf, dem wir hier also wol ohne Bedenken folgen können. Die christliche Kavallerie, sagt er, warf sich bei der ungestümen Flucht auf

---

Tankreds gewesen sind. Sodann geht aus der Schlachtschilderung hervor, dass Tankred das I. Treffen hatte, die beiden anderen Corps (acies) hintere Treffen bildeten. Diese Treffenformation, sowie die Reservestellung Boemunds als Oberfeldherr und die Dreizahl der Treffen stimmt mit unseren sonstigen Ergebnissen überein (s. u.); die Nachricht kann daher wol als glaubwürdig gelten. (Rad. (621 D.): cum »ecce hostis, ecce hostis« et ingeminatur acriter et occurrit audacter. armantur qui armandi venerant: at qui armati in bella feruntur; retunditur sagittipotens manus †. cum igitur eo usque Normanni fugientibus institissent, densati cunei vires resumunt; et qui modo fugaverant ipsi quoque in fugam sunt conversi. interea Normanniae comes et Boamundus duas tantum, singuli suam, instruxerant acies; jamque gradatim alacres praelium inibant. instantibus itaque Turcis contraque Christianis subvenientibus, magna vi hinc et inde certatur †). Auch die etwas unklaren Worte der Gesten: »nos itaque nequivimus resistere illis neque sufferre pondus tantorum hostium; tamen pertulimus illuc unanimiter gradum« scheinen ein Schwanken des Kampfes und ein späteres Eingreifen nachrückender Ritter anzudeuten, also Boemunds und seiner Mannen, deren Standpunkt ja diese Quelle immer im Auge hat.

1) Radulf (621e) redet auch von einem hitzigen Nahkampf.

ihre eigene Infanterie; »der dichte Wald der Infanterielanzen hemmte bald die Flucht, ja brachte sie sogleich zum völligen Erlöschen«, indem sich die Ritter in die Lanzen der eigenen Kameraden stürzten[1]).

Rad. (622 A.): militaris fugae impetus pedestrem conculcat tarditatem, inque vicem densissima pedestrium hastarum sylva nunc fugam impedit, nunc extinguit; fitque vel hosti miseranda clades, cum terga sagittis horrent, ilia lanceis, velut torrendorum, affiguntur . † refugitur in castra: minimum tamen solatium, sed unum.

Während dieses Gefechts hatten die Türken die Umgehung der Christen vollkommen durchgeführt. Denn einmal waren starke Scharen derselben ins Lager, welches sich im Rücken der kämpfenden Kreuzarmee befand, eingebrochen; zweitens waren zahlreiche Christen, welche sich noch auf dem Wege zum Lager im Rücken der Übrigen befunden hatten — wahrscheinlich Fussvolk und Leute vom Tross, welche der Kavallerie nicht hatten folgen können — niedergemacht worden.

Fulch. (335 A.): jamjamque ex altera parte harundineti agmina densa ex eis usque papiliones nostros vehementer irruerant, qui † de gente nostra occidebant † † †.

---

1) In direktem Widerspruch hiermit steht die Darstellung Delpech's. Die christliche Infanterie, sagt er, habe sich in Folge des heftigen Pfeilhagels aus dem ersten Treffen hinter die Kavalleriefront zurückgezogen. Einige Lanzenträger hätten mit vorgehaltenen Speeren dem mit blanker Waffe angreifenden Feind zu widerstehen versucht; aber die Infanteriemassen seien mit solcher Heftigkeit zurückgeflutet, dass sie sich in die Lanzen ihrer eigenen Kameraden gestürzt und jede Neuformierung unmöglich gemacht hätten. Diesen Ausführungen liegt die falsche Voraussetzung zu Grunde, dass das Fussvolk »au premier rang«, vor der Reiterfront Stellung gehabt habe. Die Quellen sagen, wie wir oben gesehen haben, das gerade Gegenteil. Ganz willkührlich redet der französische Forscher von »quelques piquiers chrétiens«, welche den Feind mit gefälltem Speer aufzuhalten versucht haben sollen. Hat der »densissima pedestrium hastarum sylva« Radulfs dazu Veranlassung gegeben?

heu! quot de nostris die illo post nos lente venientes in via occiderunt!

Raim. (240 D): (Boamundus) plures qui sequebantur de exercitu suo perdidit.

Rad. 622 E.

Fragen wir nach der Lage des Sumpfes und des Lagers, so gibt es drei Möglichkeiten: letzteres befand sich entweder zwischen dem Sumpf und dem kämpfenden Heere, oder jener lag zwischen dem Lager und dem Heere, oder es lehnten sich Heer und Lager an dieselbe Seite des Sumpfes an. Die beiden ersten Annahmen sind aus taktischen Gründen unwahrscheinlich. Denn in beiden Fällen würde man sich den Rückzug abgeschnitten oder erschwert haben. Die dritte Annahme hat taktisch die grösste Wahrscheinlichkeit für sich. Dann lässt sich auch am einfachsten erklären, dass die umgehende Schar »ex altera parte harundineti« ins Lager einbrach[1]). Wir stellen uns daher die Lage etwa folgendermassen vor, wie sie nebenstehend abgebildet ist.

---

1) Radulf macht die ziemlich selbstverständliche Bemerkung, die umgehende Schar sei »equites nostros praetervolans« ins Lager eingebrochen und sagt ferner in Übereinstimmung mit unserer auf Fulcher gestützten Zeichnung (622 F): hi (plebecula, die Menschen in und bei dem Lager) praefestinantis militiae vestigia legebant, muros periculis opposuisse putantes«. Dass das Lager sich im Rücken der kämpfenden Armee befand, ist selbstverständlich und geht aus Fulcher hervor (335 B): »cum usque ad tabernacula nostra jam fugati essemus, statim qui ingressi fuerant a papilionibus nostris se removerunt: putantes propter eos Turcos nos tam cito regredi«.

Taf. I.

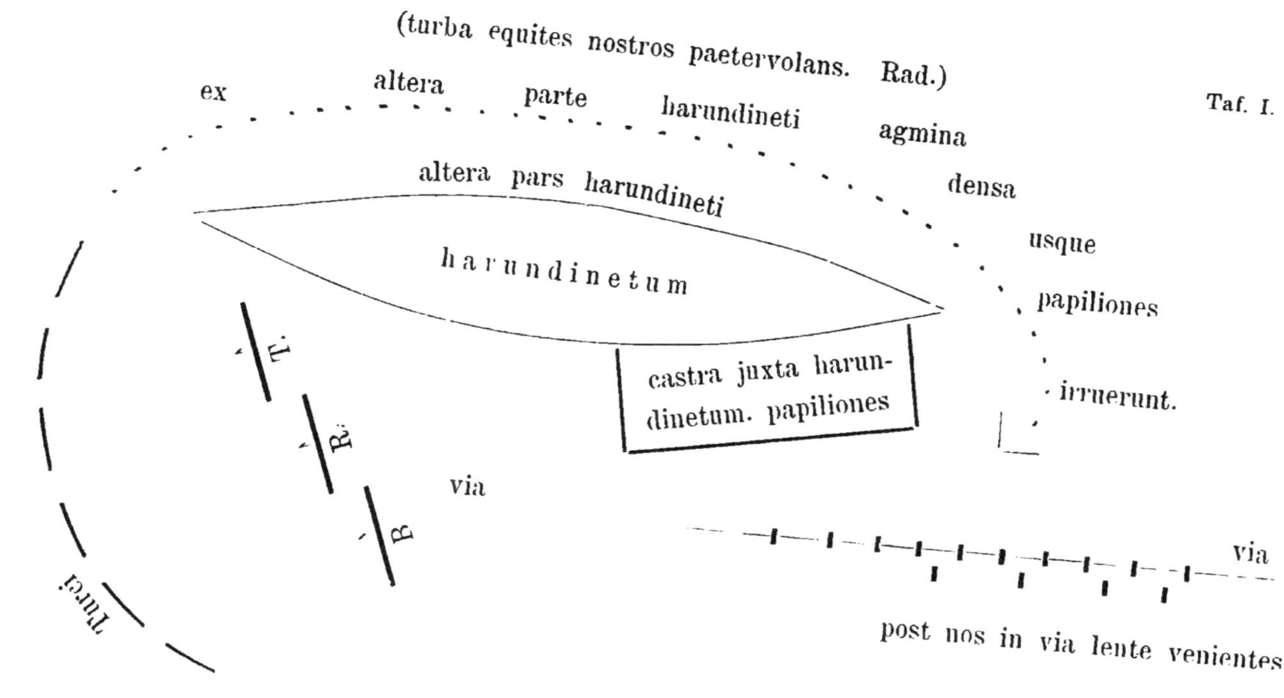

(turba equites nostros paetervolans. Rad.)
ex altera parte harundineti agmina densa usque papiliones irruerunt.
altera pars harundineti
h a r u n d i n e t u m
castra juxta harun-
dinetum. papiliones
T.
R.
B
via
Turci
via
post nos in via lente venientes.

Beim Nahen der fliehenden Reiter ergriffen die ins Lager gedrungenen Haufen die Flucht in der Meinung, es gelte einen Angriff auf sie.

Fulch. 335 B.

Die feindliche Hauptmacht drängte dagegen von allen Seiten [1]) dem fliehenden Christenheere nach und schloss es so eng im Lager ein, dass es eine ordnungslose Masse bildete, die keinen Raum zur Bewegung hatte. »Wir waren alle zusammengeballt, wie Schafe im Stall«, sagt Fulcher.

Fulch. (335 C.): quid ergo dicam? nos quidem omnes in unum conglobati, tamquam oves clausae ovili; trepidi et pavefacti ab hostibus undique circumvallabamur, ut nullatenus alliquorsum procedere valeremus †

So ganz in die Defensive gedrängt, schien das Normannenheer verloren. Zwar verteidigten sich Kavallerie und Infanterie stundenlang [2]) heldenmütig; einzelne Vorstösse [3]) wurden auch

1) Rad. (623 B): quod exercitus hostilis nostrum † circumsepserat, ex omni parte necem significans inclusis. — Die Gesten sagen in übertriebener Weise: mirabantur ergo nostri valde, unde esset exorta tanta multitudo Turcorum et Arabum et Saracenorum et aliorum, quos enumerare ignoro; quia pene omnes montes et colles et valles et omnia plana loca intus et extra undique erant cooperta de illa excommunicata generatione.

2) Über die Dauer der Schlacht hat Fulcher zwei Nachrichten, die sich direkt zu widersprechen scheinen: 1) die Einschliessung habe von der ersten bis zur sechsten Tagesstunde gewährt. (336 A.: a prima † hora diei usque ad sextam nos † angustiae coercuerunt). 2) in der zweiten Tagesstunde sei erst die türkische Vorhut von der christlichen Recognoscirung gesehen worden. (334 C.: hora † diei secunda ecce praecursores eorum speculatoribus nostris appropiaverunt). Die zweite Nachricht muss die richtigere sein; denn in der ersten Stunde brach man erst aus dem Lager auf. Ihr zufolge ist es wol in der dritten Stunde zum Kampf gekommen. Dies bestätigen die Gesten: (129 K. 2) »ab hora tertia usque in horam nonam perduravit haec pugna«. Die ganze Schlacht dauerte also sechs Stunden. Die andere Nachricht Fulchers, wonach die Einschliessung allein sechs Stunden gedauert haben soll, muss durchaus falsch sein. Die Verfolgung währte nach Fulcher bis zur Dunkelheit. (Fulch. (336 B.): alii † Turcos fugientes usque ad noctem persecuti sunt).

3) Radulf (623 A) erzählt, Tankred und sein Bruder Wilhelm hätten

zur Durchbrechung des feindlichen Ringes gemacht: vergebens [1]).

---

den Feind durch eine Attacke von einem über dem Lager aufsteigenden Hügel herabzuwerfen versucht; Boemund habe dieser Männer Tollkühnheit getadelt und dieselben zurückhalten wollen, weil solche Einzelunternehmungen die Ordnung des Ganzen gefährdeten. Albert (II, 39) bestätigt dies zum Teil. Man erkennt wol hieraus, wenn man die Nachricht mit Sybel anerkennen will, die besonnene und einheitliche Oberleitung der Schlacht durch Boemund: jeder Offizier hatte nur nach dem Gesammtplan zu handeln.

1) Delpech (II, 150) stützt seine Darstellung der französischen Kampfweise nur auf Wilhelm und die französische Überarbeitung desselben. Beide Berichte scheinen Fulchers Worte über die Taktik der Türken in allgemeinen Redensarten nach Erfahrungen aus ihrer Zeit zu ergänzen. (Wilh. 131). Die Behauptung: »les cavaliers Turcs commençent par entourer le camp et l'armée des Chrétiens. Puis ils se forment en un certain nombre de sections qui se suivent et ne combattent qu'à tour de rôle (la seconde route après la première)« hat also eine sehr schwache Unterlage. Noch weniger ist es zu billigen, dass die allgemeinen Worte dieser untergeordneten Quelle: »Turcs qui descendoient seur aux les unes routes après les autres« mit den Worten: »Turcs chargent en colonne successivement, ainsi qu'ils avaient fait pour le tir« erklärt werden. Auch ist es taktisch mehr als unwahrscheinlich, dass die Türken in Kolonne formirt gewesen seien, während sie eine umfassende Umklammerung des Feindes ausführten.

Weiter sagt Delpech, die von den Türken angewandte Gefechtsweise, d. h. der Angriff in Kolonne mit fortwährend sich ablösenden Treffen sei nach dem Zeugnis aller Quellen dem Kreuzheere damals noch unbekannt gewesen. Aber die hier in Betracht kommende Stelle: (Fulch. 334 D.): »(Turci) qui omnes insimul erant deputati numero 360000 pugnatorum, scilicet sagittariorum, mos enim eorum est, talibus uti armis, equites erant omnes, nos autem utrinque pedites et equites †. Turci autem ululatibus concrepantes, et pluviam sagittarum vehementer emittentes; nos illico stupefacti mortique proximi, etiam multi laesi, mox dorsa fugae dedimus. nec hoc mirandum, quia nobis omnibus tale bellum erat incognitum.« bezieht sich offenbar nicht auf die Formation von Angriffskolonnen, sondern auf die berittenen Bogenschützen, den heftigen Pfeilhagel und die eigentümlich bewegliche, ebenso schnell vorbrechende als zurückweichende Gefechtsweise des Feindes.

Ähnliches berichtet nur der den Fulcher abschreibende Wilhelm.

Fulch. (335 D.): jamque nobis nulla spes vitae † † † tunc proceres nostri † pro posse illis resistebant et eos saepe invadere nitebantur. ipsi quidem a Turcis fortiter impetebantur.

Das ganze Heer wäre verloren gewesen, wenn nicht die Nordarmee, deren Hauptführer Raimund, Gottfried, Adhemar, Hugo und Robert von Flandern waren [1]), von ihrem zwei Millien entfernten Lager zur Hülfe noch rechtzeitig herbeigezogen wäre.

Vorstehende Stelle ist merkwürdiger Weise auch von anderen Forschern, San Marte und Schulz, aber wieder in anderer Weise, missverstanden worden. Jener sagt (Zur Waffenkunde des älteren deutschen Mittelalters, 182), die sarrazenischen Armbrustschützen seien den Kreuzfahrern ganz neu und schreckhaft gewesen, und letzterer schreibt (Höfisches Leben in der Zeit der Minnesinger II, 173) dies in noch verschlimmerter Weise nach: »Nach Fulcher sei der Gebrauch der Armbrust den Kreuzfahrern unbekannt gewesen«. Von Armbrustschützen ist bei Fulcher doch gar keine Rede.

1) Über die Zahl und die Namen der Hauptführer der Kreuzarmee schwanken die Angaben der Schriftsteller ein wenig. Neben den von allen Augenzeugen während der ganzen Fahrt bis nach der grossen Schlacht bei Antiochien genannten sechs selbständigen Führern, Boemund, Robert der Normanne, Raimund, Adhemar, Hugo und Robert von Flandern, werden zuweilen auch einige andere Namen aufgeführt. Von mehreren derselben wissen wir, dass sie, wiewol sie in der Reihe der sechs als scheinbar selbständig mitgezählt werden, doch in einem Dienstverhältnis zu jenen standen. Es liegt daher der Gedanke nahe, dass es mit allen oder doch der Mehrzahl der anderen Führer zweiten Ranges sich ebenso verhalte. Wäre dies auch nicht der Fall, so haben sie doch offenbar eine ganz untergeordnete Rolle gespielt. Ihre Selbständigkeit würde daher für unseren Zweck wenig in Betracht kommen. Eine Ausnahmestellung hatte Tankred inne: wiewol er anfangs in Boemunds, dann in Raimunds und endlich in Gottfrieds Diensten stand, hat er doch auf dem ganzen Zuge ein, wie es scheint, fast selbständiges Kommando gehabt. Die nähere Begründung dieser Verhältnisse würde hier zu weit führen, weshalb wir sie uns für eine spätere Gelegenheit vorbehalten. Im vorliegenden Falle gehen die Nachrichten der Augenzeugen über Namen und Zahl der beiden getrennten Heere auseinander. Fulchers Angaben sind: erstens, Gottfried, Raimund und Hugo hätten sich von dem Gesammtheere getrennt: zweitens, die »praecursores« Gottfrieds, Raimunds und Hugos seien der Südarmee zu Hülfe geeilt; drittens heisst

Ihr Anmarsch scheint allmählich, truppweise erfolgt zu sein. Die Avantgarden der Corps erschienen schon auf dem Schlachtfelde, als gerade die feindliche Schar ins christliche Lager eingebrochen war.

---

es später: Adhemar »et 4 alii« seien angekommen. Die 3 von den »4 alii« sind offenbar diejenigen, deren »praecursores« schon vorher angelangt waren. Demnach hatte die Nordarmee fünf Hauptführer, von denen Adhemar, Gottfried, Raimund, Hugo genannt sind. Nach den Gesten und Radulf würde der fünfte Robert von Flandern sein; jedoch scheint dem Fulchers weitere Angabe entgegenzustehen, dass Robert mit Boemund, Robert d. N., Stephan von Blois vereint vor Ankunft der »consocii, qui † adjurandum nos properabant« kämpfte. Fulchers Nachricht würde sich nur durch die Annahme retten lassen, dass Robert schon lange vor den anderen Führern des Nordheeres im Lager der Südarmee angelangt sei. Spricht hierfür auch sonst nichts, als dass er bei der ersten Aufzählung der Nordarmee-Führer nicht genannt wird, so ist es doch sachlich nicht unmöglich und bei der hier in allen Quellen zu Tage tretenden Ungenauigkeit nicht unwahrscheinlich. (Fulch. (334 E.): nobis † deerant † Godefridus et † Raimundus atque Hugo †: qui † se a nobis subtraxerunt †. † † cum forte † Hugonis † et † Raimundi et † Godefridi praecursores † accurrerunt. † † † aderant ibi episcopus Podiensis † et 4 alii †. † tunc proceres nostri, Robertus Normanniae comes et Stephanus comes Blesensis et Robertus comes Flandriae, Boemundus quoque pro posse illis resistebant †. ipsi nam visis consociis nostris, qui postremi ad adjuvandum nos properabant † audaciam resumpsimus †. Gesta (128 K. 1): in uno agmine fuit † Boamundus et Robertus N. comes et † Tancredus et alii plures; in alio fuit comes Sancti Aegidii et † Godefridus et Podiensis episcopus et Hugo † comesque Flandrensis et alii plures. † † in dextera † parte fuit † Godefridus et † Flandrensis comes et Hugo et alii plures, quorum nomina ignoro. Rad. 626 E.). Als Führer der Südarmee werden von den Gesten und Radulf übereinstimmend Boemund, Robert der Normanne und Tankred genannt (s. o.). Fulcher nennt den Tankred nicht; offenbar weil er kein ganz selbständiger Fürst war; dagegen zählt er Stephan von Blois mit auf, der sonst nicht genannt wird. Richard »de Ansa« und Richard »de Principatu«, die von den Gesten noch aufgeführt werden, standen im Diensie Boemunds (s. o.). Wenn der Verfasser der Gesten bei der Nordarmee noch »alii plures« anführt, deren Namen ihm nicht bekannt seien, so sind damit offenbar Vasallenfürsten gemeint; sonst würde auch die Fünfzahl Fulchers überschritten. (s. o.).

Fulch. (335 A.): qui (Turci) res nostras introgressi arripiebant et de gente nostra occidebant: cum forte † Hugonis † et † Raimundi et † Godefridi **praecursores** tale ad infortunium a postrema parte accurrerunt.

Das Gros der Armee langte **nach** der Einschliessung der Südarmee an.

Fulch. (335 D.): jamque nobis nulla spes vitae, † aderat ibi episcopus Podiensis † et 4 alii.

Eine geschlossene **Marschkolonne** scheint dasselbe nicht gebildet zu haben; die Fürsten kamen wol mit ihren Scharen vereinzelt ins Lager und griffen sogleich in den Kampf ein. Denn bei Fulcher heisst es: »als wir unsere Kameraden zur Hülfe herbeieilen sahen, schöpften wir wieder Mut. Der Herr gab uns **allmählich** Kraft und schwächte **mehr und mehr** die Türken«. In Uebereinstimmung hiermit sagen die Gesten, dass Gottfried und Hugo die Vorderen, Adhemar und wol auch Raimund die Letzten auf dem Marsche gewesen seien. Robert von Flandern mag schon beträchtlich früher angekommen sein (s. o.) Dass hierbei an keine Kolonne gedacht ist, geht wol auch daraus hervor, dass Adhemar einen anderen Weg als die anderen einschlagen musste, um die feindliche Stellung zu umgehen.

Fulch. (335 F.): ipsi (Südarmee) quidem a Turcis fortiter impetebantur. † † (Dominus) **paulatim** vigorem tunc nobis praestitit et Turcos **magis** magisque debilitavit. † nam visis consociis nostris, qui postremi ad adjuvandum nos properabant † audaciam resumpsimus; et per turbas et cohortes eis resistere nisi sumus, † † sed tunc **paulatim** nobis animatis et de sociis nostris concretis affuit † divina gratia †

Gesta (128 K. 1): Godefridus † ac Hugo † simul venerunt **prius** cum suis exercitibus; episcopus quoque Podiensis **prosecutus** est illos una cum suo exercitu et comes de Sancto Aegidio cum gente magna juxta illos. † † episcopus vero † venit per alteram montanam undique circumcingens incredulos Turcos.

Die fünf Corps waren im Rücken der Südarmee erschienen; sie waren also links abgeschwenkt. Die Mohammedaner, jetzt von zwei Seiten angegriffen, mussten sich zurückziehen, sodass das Normannenheer seine Abteilungen neu formiren und die Hülfsarmee sich an dieselben ansetzen konnte.

Fulch. (335 F.): consociis † qui postremi ad adjuvandum nos properabant † audaciam resumpsimus; et per turbas et cohortes eis resistere nisi sumus. † sed tunc paulatim nobis animatis et de sociis nostris concretis, affuit † divina gratia †

Die neugebildete Gefechtsordnung des gesammten Kreuzheeres war nach den Gesten eine gedehnte: Boemunds, Roberts des Normannen, Tankreds und Raimunds Corps bildeten den linken, Gottfrieds, Hugos, Roberts von Flandern Abteilungen den rechten »Teil«. Adhemar scheint den linken feindlichen Flügel [1]) umgangen zu haben. Von einer Kolonnenformation hören wir nichts.

Gesta (128 K. 2): continuo fuerunt ordinata nostrorum acies. in sinistra parte fuit † Boamundus, comesque Nortmanniae Robertus et † Tancredus †. episcopus vero Podiensis venit per alteram montanam undique circumcingens [2]) incredulos Turcos; in sinistra quoque parte equitavit † Raimundus †. in dextera vero parte fuit † Godefridus et † Flandrensis comes et Hugo †

Demnach mag das Schema der Gefechtsordnung, wenn wir den Gesten allein glauben wollen, etwa nebenstehendes sein:

---

1) Das schliessen wir aus dem Gegensatz des »per alteram« der Gesta zu dem »in sinistra parte«; deshalb später »in sinistra quoque parte«.

2) Das »undique circumcingens« der Gesta ist offenbar nicht ganz wörtlich zu nehmen; es heisst wol: den Flügel vollkommen umgehen. Wie sollte auch ein Corps die feindliche Stellung von allen Seiten einschliessen können! (Siehe Baldr. 35 G Guib. 161 F.).

Taf. II.

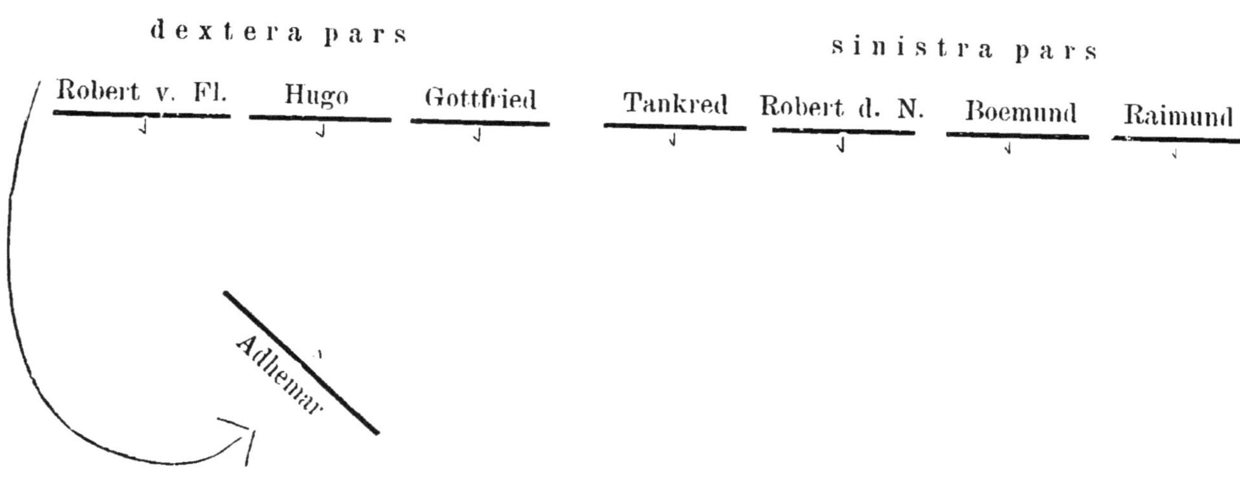

dextera pars
sinistra pars
Robert v. Fl.
Hugo
Gottfried
Tankred
Robert d. N.
Boemund
Raimund
Adhemar

Ob der rechte »Teil« mit dem linken »Teil« auf einer Höhe gestanden hat, wie es die schematische Zeichnung darstellt, ist nicht erkennbar. Auch erfahren wir nicht, ob sich die christliche Schlachtordnung an den Sumpf, wie wir nach unserer früheren Zeichnung desselben wol erwarten könnten, anlehnte oder nicht, und ob der Entscheidungskampf auf demselben Schlachtfelde wie vorher stattfand. Nur wird berichtet, dass der Angriff der gesammten Kreuzarmee schnell [1]) zum Siege führte [2]).

Die Zeit der einzelnen Ereignisse mag etwa so zu berechnen sein: Nachmittags am 30. Juni: erste Nachricht vom Feinde; Abends: Meldung der Nähe desselben durch die Recognoscirung. 1. Stunde des folgenden Tages: Aufbruch aus dem Lager; 2. Stunde: Zusammentreffen der beiderseitigen Recognoscirungen, Aufschlagen des Lagers; 3. Stunde: Beginn des Kampfes.

---

1) Nach Fulcher flieht der Feind »quasi momento subitaneo« schon beim blossen Anblick der anrückenden Christen. (Fulch. (336 A.): quasi momento subitaneo Turci omnes visibus nostris dorsa fugitivi dederunt). Die Gesten lassen die Türken sogleich bei der Ankunft der Kreuzfahrer fliehen. (129 K. 2. statim autem venientibus militibus nostris Turci † dederunt velociter fugam †). Nach Raimund läuft schon der Feind auf die Wahrnehmung vom Anmarsch der Kreuzarmee davon. (240 E.: ut autem cognovit Solimannus et, qui cum eo erant, exercitum nostrum contra suum in pugnam concurrere, de victoria desperans fugere compulsus est).

2) Nach Delpech hätte die weitermarschierende Nordarmee einen Vorsprung vor der Südarmee gewonnen, während letztere im Gefecht gewesen. Jene habe daher nur eine Schwenkung nach links zu machen brauchen, um den Asiaten in den Rücken zu fallen. Dies habe die von Adhemar geführte Tete der Marschkolonne getan. Indessen seien die Corps Gottfrieds und Raimunds, welche die Queue der Kolonne gebildet hätten, auf Boemunds Lager gestossen. Alles dies widerspricht den Quellen. Die Nordarmee war nicht weiter marschirt; die Eilboten Boemunds trafen sie noch im Lager. Es ist daher auch unwahrscheinlich, dass sie das Südheer überholt hatten. Der Anmarsch der Nordarmee in Kolonnenformation ist mindestens zweifelhaft, sicher ist jedoch, dass Gottfrieds Truppen nicht die Queue und die Adhemars nicht die Tete bildeten, wie wir oben auseinandergesetzt haben.

Währte die ganze Schlacht 6 Stunden, so mag 2 Stunden der erste Kampf und die Flucht gedauert haben, 2 Stunden die Einschliessung und allmähliche Ankunft der Nordarmee und 2 Stunden die Herstellung einer Gefechtsordnung und der Entscheidungskampf.

An dieser Schlacht sind also drei Hauptmomente zu unterscheiden: Erstens, die Offensive der Kavallerie in der Südarmee; Treffenformation wahrscheinlich, sodass Boemund als Oberbefehlshaber die Reserve führte. Zweitens die Defensive der Kavallerie und Infanterie von der Südarmee im Lager; Stellung eine enggedrängte Masse. Drittens der gemeinsame Angriff der Süd- und Nordarmee; gedehnte Gefechtsordnung, an welcher ein rechter und ein linker »Teil« unterschieden werden. Kolonnenformation bemerken wir nirgends.

Wir sehen ferner:

1) Das Schlachtfeld war eine Ebene.
2) Das Zeltlager, welches zur Bergung des Trosses und zur Aufnahme des Gepäckes dienen sollte, lehnte man an einen Sumpf.
3) Boemund war Oberfeldherr und leitete, wollen wir den Gesten und Radulf glauben, das Gefecht einheitlich und besonnen: Eingreifen mit der Reserve; Verbot unbesonnener Einzelunternehmungen.
4) Die Kavallerie war Hauptwaffe; das Fussvolk war noch zu kriegsuntüchtig, um anders als in untergeordneter Weise, als Rückhalt für die Reiterei verwendet zu werden.
5) Die Defensive war der Kavallerie höchst verderblich.
6) Man verstand es, im Kampf eine neue Gefechtsordnung herzustellen.
7) Man gliederte das Heer in Abteilungen und Unterabteilungen.
8) Man führte Umgehungen aus.
9) Die europäische Kampfweise war auf den Fernkampf, wie es scheint, noch nicht eingerichtet.
10) Die Abendländer hatten keine berittenen Bogenschützen.
11) Das Fussvolk war allem Anschein nach grossenteils mit Lanzen bewaffnet.

II.

Die Schlacht am See von Antiochien,

9. Februar 1098.

(Raim. 246. Gesta 136. Rad. 647).

Die Hauptquellen für die Schlacht sind Raimund und die Gesta. Zur Zeit des Kampfes befand sich jener nicht auf dem Schlachtfelde, sondern im Lager; denn von den Ereignissen im Lager redet er in erster, von der Feldschlacht in dritter Person; gleichwol ist sein Bericht zuverlässig. Die Gesta beruhen auch auf Autopsie, doch leidet ihre Darstellung unter starker rhetorischer und poetischer Ausschmückung. Dass auch ihr Verfasser oder erster Urheber nicht mit aus dem Lager gezogen ist, beweist die Ungenauigkeit in gewissen Punkten, welche wir später kennen lernen werden. Radulfs Nachrichten sind ganz entstellt und unbrauchbar. Fulcher weilte damals im fernen Edessa; er erzählt daher den Antiochenischen Krieg nur ganz summarisch.

Von Aleppo zog über das »Castellum-Areth« (Harim?) ein Entsatzheer heran. Die Gefahr für die Christen war von dieser Seite besonders gross; denn hier war das im Westen und Norden von dem Orontes geschützte Lager noch am leichtesten zugänglich; weshalb denn auch nach der Schlacht die hier dominirende Höhe mit einer Burg gekrönt wurde [1]).

Der im Quartier des Bischofs von Puy zusammentretende Kriegsrat beschloss, wie die Gesta behaupten, auf den Vorschlag

---

1) Raim (247 D.): composuerant enim hostes, ut, dum ab obsessis acerrime impugnaremur, ab improvisis auxiliatoribus eorum a tergo opprimeremur. † ┼ ┼ (247 H.): visum est principibus nostris, ut in colle, qui supra tentoria Boamundi erat, castrum firmaretur, ne, si rursus hostes contra nos venirent, ullo modo tentoria nostra impellere possent. † ┼ erat enim ab oriente nobis castrum hoc †

Boemunds [1]), dem Feind bis zum See von Antiochien entgegenzumarschiren. Die Absicht dabei war, fern von den Belagerten und ohne Wissen derselben den Kampf mit dem Entsatzheer aufzunehmen, und sodann, dasselbe in der von dem Orontes und dem See gebildeten schmalen Ebene zum Schlagen zu zwingen. Man bestimmte zum Ausmarsch lediglich die Reiterei; diese insgesammt, doch waren es nur 700 Pferde. Das Fussvolk aber wurde zur Verteidigung des Lagers zurückgehalten: ohne Frage, weil man es, vielleicht in Erinnerung an seine schlechte Haltung bei Dorylaeum, für unfähig hielt zum Kampf im freien Felde gegen die seldjukische Bogenreiterei.

Raim. (246 E.): nuntiatum est nobis eo tempore, quod dux de Caleph conducto magno exercitu de Corazana ad succurrendum civitati Antiochiae veniret. quapropter habito consilio in domo episcopi consultum est, ut pedites castra servarent et milites hostibus obviam extra castra pergerent; dicebant enim quod multi de exercitu nostro imbelles et pavidi, si viderent Turcorum multitudinem, timoris potius quam audaciae exempla monstrarent.

Gesta (136 K. 15): audiens domnus Boamundus innumerabilem gentem Turcorum venientem super nos, caute venit ad alios, dicens: »seniores et prudentissimi milites, quid facturi erimus? nos namque tanti non sumus, ut in duabus partibus pugnare valeamus. sed scitis quid faciemus? faciamus ex nobis duas partes. pars peditum remaneat jugiter custodire papiliones, et quibit nimis obsistere his qui in civitate sunt: alia vero pars militum nobiscum veniat obviam inimicis nostris †«

---

1) Sind es auch nur die Gesta allein, welche den Boemund als Urheber der strategischen Idee wie als Leiter und Oberbefehlshaber der Schlacht hinstellen und noch dazu in rhetorisch ausgeschmückter Form, so wird man doch an der Richtigkeit der Nachricht kaum zweifeln dürfen, weil Boemund in der Tat als der bedeutendste Kriegsführer erscheint (vgl. Raim. 248 E. hi (Boemund und Raimund) duo maximi principes in exercitu) und in der vorhergehenden und nachfolgenden Schlacht auch nach dem Zeugnis der anderen Quellen dieselbe Stellung einnahm.

Um die Belagerten nichts merken zu lassen, wählte man die Nacht zum Ausmarsch aus dem Lager.

Raim. (246 F.): igitur sub noctem profecti, ne hi, qui in civitate erant, perciperent atque his, qui in auxilium eorum venerunt, nuntiarent †

Gesta (136 K. 16): sero † facto exiit e tentoriis † Boamundus cum aliis † militibus †

Der Weg führte die Reiter nach Überschreitung der Schiffbrücke am rechten Orontesufer aufwärts [1]). Nach einem Marsch von zwei »leugae« lagerten sie sich, wie Raimund erzählt, zwischen Hügeln, d. h. wol noch etwas weiter westlich von dem zum Kampfplatze gewählten Pass [2]). Beim Morgengrauen nahte der Feind; Recognoscirungstruppen hatten seinen Anmarsch unmittelbar vorher gemeldet [3]). Er zog am rechten Flussufer hinunter, sodass er an der vielgenannten Eisenbrücke

---

1) Über die Brücke, welche die Kreuzfahrer zum Orontesübergang wählten, sind Radulf und Albert nicht einig, während die beiden Hauptquellen darüber schweigen. Jener nennt die Eisenbrücke, dieser die Schiffbrücke. (Alb. 381 E. Rad. 647 C.). Wir müssen aber ohne Frage mit Kugler (89) Alberts Angabe den Vorzug geben. An die Eisenbrücke ist nach Lage der Dinge und dem Bericht der Hauptquellen, vor allem Raimunds, gar nicht zu denken. Während Albert mehrfach mit den Hauptquellen übereinstimmt, ist Radulfs Darstellung voll der gröbsten Irrtümer. Er scheint sich auf dürftige Angaben von Augenzeugen und Nichtaugenzeugen hin die Dinge nach eigener Phantasie zurecht zu legen.

2) Nach Raimund hatte man von da noch eine Stunde weit durch sex valles continuae, d. h. wol Paralleltäler, zu marschiren, um an den Engweg zu gelangen (s. u.); nach den Gesten lagerte man die Nacht schon »zwischen Fluss und See«. Die genauere Angabe Raimunds ist ohne Frage derjenigen der Gesta, die ohnehin eine geringere Autorität besitzen, vorzuziehen. Auf der Karte von Russegger (Reisen in Europa, Asien und Afrika. 1849) treten die Berge nahe an die Ebene zwischen Fluss und See bis an den Betrekein heran. Auch die von Raimund genannten Paralleltäler finden sich an dieser Stelle. Auf der Karte von C. Hausknecht (Orientalische Reisen; nebst Erläuterungen von H. Kiepert. 1882) treten die Hügel etwas weiter zurück.

3) Die Nachricht der Gesten von der Aussendung von Recognoscirungstruppen wird von Albert (381 G.) bestätigt.

vorbeikam, die sich kurz oberhalb des Orontesknieees befunden haben muss, dort, wo auch heute noch die Strasse von Antiochien nach Aleppo den Fluss überschreitet.

Raim. (246 F.): longe a nostris castris per duas leugas inter monticulos se occultavere. mane autem facto, cum sole hostes apparuerunt.

Gesta (136 K. 16): summo diluculo jussit (Boamundus) protinus exploratores exire, et videre, quot sunt Turcorum turmae, aut ubi sint, aut certe quid agant. † viderunt tandem Turcos innumerabiles segregatos venire ex parte fluminis †. reversi sunt † speculatores dicentes: »ecce, ecce, veniunt!« †

Die Türken lagerten nach den Worten, welche die Gesta dem Boemund, von seinem Standpunkt im Kriegsrath durchaus richtig, in den Mund legen, »in castello Areth ultra pontem Ferreum«. Da wir sie nun in den Gesta wie in Raimunds Bericht am folgenden Tage neben dem See von Antiochien finden, so sind sie offenbar am rechten Orontesufer hinunter marschiert, an das sich ihre linke Flanke lehnte. Sie waren dazu durch die Aufstellung des Kreuzheeres in dem Defilee gezwungen; denn wie hätten sie wagen dürfen, Angesichts desselben den Fluss auf der Eisenbrücke, die vielleicht auch nach dem früheren Kampf um ihren Besitz durch ein christliches Castell gesperrt gewesen ist, oder weiter aufwärts den Fluss zu überschreiten! Sie mussten den Pass forciren, wenn sie an und in die Stadt wollten. Hatten sie ihn aber gewonnen und den Feind durchbrochen, so konnten sie über die Brücke am Seethor und weiterhin vom Süden her, wo die Stadt noch unblokirt war, ungehindert den Belagerten die Hand reichen. Nach der Schlacht haben die Christen deshalb auch den westlichen Zugang durch das Brückenkastell gesperrt. (Raim. 248 B.).

Jetzt übertrugen die Fürsten, wie die Gesta sagen, dem Boemund als dem Fähigsten das Oberkommando [1]).

1) Diese Nachricht, die wegen ihrer Form verdächtig erscheinen könnte, wird wesentlich gestützt einmal durch die Notwendigkeit einer

Gesta (136 K. 16): dixitque † Boemundus aliis: »† milites, ordinate adinvicem bellum«. responderuntque illi: »† tu bellorum arbiter et certaminum judex, hoc totum fac, hoc totum super te sit. omne bonum, quod tibi videtur, nobis et tibi operare et fac«.

Man setzte sich darauf in Gefechtsbereitschaft und marschirte in das Defilee hinein. Die kleine Reiterschar war in sechs Geschwader geteilt, deren jedes unter seinem Fürsten stand, also landsmannschaftlich geordnet war.

Raim. (246 G.): dispositis itaque militibus in 6 turmis †

Gesta (136 K. 16): tunc Boamundus jussit, ut unusquisque principum per se dirigeret aciem suam ordinatim. feceruntque ita, et ordinatae sunt 6 acies.

Nachdem man eine Stunde weit marschirt war und die sechs Paralleltäler durchschritten hatte, trafen die Heere da zusammen, wo der Orontes und der Antiochische See nur eine ein »milliarium« [1]) breite Ebene einschliesst [2]).

Raim. (247 A.): contigit autem in eo loco bellum fieri, quo palus et fluvius, quae [3]) per milliarium vicina sunt. † namque deus † 6 valles continuas prodientibus ad bellum praebuit; atque una hora egressi, campoque occupato † pugna committitur.

Da es im Ganzen nur 700 Reiter waren, so zählte jeder der 6 Heerhaufen durchschnittlich 116 Pferde. Doch braucht

einheitlichen Führung in der Schlacht, zweitens durch den bald darauf eintretenden analogen Fall, dass man Boemund auf vierzehn Tage das Oberkommando übertrug. Man möchte aber eher annehmen, dass die wichtige Massregel schon im Kriegsrath getroffen war. Nach Albert hat Gottfried den Oberbefehl, was selbst Kugler verwirft (90).

1) Heute ist die kürzeste Entfernung zwischen Fluss und See nach der Karte von C. Haussknecht etwa eine halbe Meile.

2) Nach den Gesten findet der Kampf, wie es scheint, zwar auch in diesem Defilee statt; falsch oder zum mindesten sehr ungenau ist es jedoch, das Heer schon hier übernachten zu lassen: (136 K. 16) (Boamundus) ivitque jacere inter fluvium et lacum.

3) So die Ausgabe im Recueil. Die von dem Herausgeber verworfene Handschrift hat diese offenbare Corruptel nicht.

man nicht anzunehmen, dass die Landsmannschaften gleich gross gewesen seien. (Raim. 246 G.)[1]).

Zum Gefecht nahm man höchst wahrscheinlich eine gedehnte Aufstellung. Schon an sich ist es kaum anders anzunehmen, als dass sich die Gefechtsstellung an den Fluss und das sumpfige Seeufer anlehnte; es wird aber auch direkt berichtet, die dichtgedrängten feindlichen Massen seien durch den Strom und den See an ihren gewohnten Umgehungen gehindert worden, woraus doch wohl erhellt, dass die Kreuzritter den ganzen Engweg gesperrt hatten. Das war aber offenbar den 700 Reitern nur bei sehr gedehnter Aufstellung möglich[2]). Die Gefechtslinie mag demnach etwa eine Millie lang gewesen sein, wenn die sumpfigen Ufer des Sees überhaupt eine unmittelbare Annäherung gestattet haben.

Die Heerhaufen standen nicht alle auf einer Höhe. Eine Treffenstellung wird zwar ausdrücklich nur von zwei weniger zuverlässigen Schriftstellern, Radulf und Tudebod behauptet, doch wird von Raimund dieselbe angedeutet und von den Gesta wenigstens die Bildung einer Reserve unter Boemunds Führung genügend bezeugt[3]). Gesta (136 K. 16).

1) Vgl. Alb. 380 G. 381 D. Ep. Steph. (Rec. Hist. Occ. III) 891 D.). Die Gesta sagen für die Zeit kurz vor dem Kampfe, man habe nicht 1000 gute Rosse mehr finden können. (135 K. 13: in tota † hoste non valebat aliquis invenire 1000 milites, qui equos habuissent optimos). Radulf redet fälschlich von nur 200 Rossen und macht die seltsame Bemerkung, dass dieselben vor der Schlacht auf entfernte Weide getrieben worden seien. (Rad. 646 D. 647 F.). Eine auf die Zeit kurz vor der Schlacht gehende Bemerkung Raimunds rechnet dem ganzen Heere des Grafen von Agiles und des Bischofs von Puy nur 100 Pferde zu; mit den anderen Fürsten sei es nicht besser bestellt gewesen: (Raim. 245/246): quoniam rarissime aliqui obviam hostibus ire volebant, cum equi famelici et debiles essent atque admodum pauci, ut in toto exercitu comitis et episcopi vix 100 reperirentur. similiter Boamundo et reliquis contigerat.

2) Delpech spricht sich (II, 163) über diesen Punkt nicht bestimmt aus; jedoch scheint er bei den Worten: »faisant converger leurs cinq charges vers un même point« an eine Kolonnenformation zu denken.

3) Bei Raimunds hier in Betracht kommenden Satze (246 G.): »dispositis

Von türkischer Seite kamen den Abendländern Schützenabteilungen entgegen, während das Gros der Armee in einiger Entfernung nachrückte. Jene, die gleichfalls beritten waren, sprengten in aufgelösten Schwärmen — nicht, wie Delpech (II, 163) sagt, in Kolonnen den im Schritt heranreitenden Schwadronen entgegen und gaben starke Bogensalven ab, um alsbald wieder zurückzuweichen [1]).

itaque militibus in 6 turmis, tantum eos Deus multiplicavit, ut qui vix 700 ante ordinationem apparebant, habita partitione plusquam 2000 inesse unicuique ordini affirmarentur« wird man kaum fehl gehen, wenn man »ordo« mit Treffen übersetzt, denn diese Bedeutung hat das Wort bei Raimund ganz unzweifelhaft an einer späteren Stelle, in welcher er ebenfalls, wie hier, mit »turma« zusammengestellt ist (Raim. 303 J. S. u. zur Schlacht bei Askalon. Vgl auch Gautier zur Schlacht bei Athareb (28)). — Radulfs ganz fehlerhafter Bericht lässt drei Treffen erkennen; Boemund soll jedoch abweichend von den Gesta das erste Treffen und Stephan als Oberbefehlshaber die Reserve geführt haben. Ausserdem sind nur drei anstatt sechs Führer genannt. Radulf scheint sich die Schlacht aus einer allgemeinen Gefechtskenntnis heraus zu construiren. In sofern würde wenigstens die Behauptung einer Bildung von drei Treffen nicht ganz ohne Bedeutung sein. (Rad. 646 E.: cujus victoriae fertur Blesensis comes dux fuisse, Godefrido Boamundoque sociatus †. † † † (647 H.): praecedit Boamundus, subsequitur Godefridus, in subsidio est Stephanus). Nach Tudebod (Rec. Hist. Occ. III, 43) stand Robert von Flandern »in primo capite«, Boemund in der Reserve. Die übrigen Haufen würden danach Mitteltreffen gebildet haben. Auch diese Bemerkung des Augenzeugen möchte für eine Stellung von wenigstens drei Treffen sprechen. Die Angabe der Gesta über Boemunds Reserveführung kann kaum bezweifelt werden, weil fast in sämmtlichen sonstigen Schlachten eine Reserve vorhanden war, die unter Führung des Höchstkommandirenden stand.

1) Die Gesta reden zwar auch von der Zweiteilung des feindlichen Heeres und von dem langsamen Anrücken der Christen; aber die Darstellung des Kampfes weicht von der Raimunds ab. Während dieser nur von einem Fernkampf feindlicher Schützen erzählt, an dem sich die christlichen Reiter gar nicht beteiligten, auch wol schwerlich beteiligen konnten, wissen jene von einem hitzigen Handgemenge zu berichten. Gesta (136 K. 16): viderunt tandem Turcos innumerabiles segregatos venire ex parte fluminis divisos per duas acies, maxima vero virtus illorum veniebat retro. †† quinque (acies) vero ex eis ierunt adunatim invadere illos. Boamundus itaque paulatim gradiebatur retro cum

Raim. (247 B.): nostri autem primo paulatim procedere; Turci autem discurrere, sagittare, tamen recedere; at nostri tantum patiebantur, dum priores de Turcis † posterioribus infarcirentur.

Der Franken bester Bundesgenosse war das Terrain. In dem Defilee konnten die seldjukischen Schaaren nicht nur nicht ihre Übermacht durch Umgehung des Feindes zur Geltung bringen, sondern sie gerieten sogar wegen ihrer grossen Zahl in Unordnung. Denn die inzwischen vorrückende Hauptmacht nahm die Schützenchwärme in sich auf und ballte sich auf engem Raum zu einer dichtgedrängten Masse zusammen. Jetzt begann der Hauptkampf; die heranbrausenden Schwadronen der Christen brachen in die feindlichen Haufen ein. Die Übermacht — so sagen die Gesta — hielt Stand; ja schon begann die gewiss dünne Linie der abendländischen Reiter zu wanken, als Boemund mit der Reiterschwadron in den Kampf eingriff; neuer Mut beseelte die übrigen Haufen; schnell sich sammelnd, schlugen sie den bereits ermüdeten Feind in die Flucht [1]).

---

sua acie. junctis igitur prospere nostris unus cominus percutiebat alium. clamor vero resonabat ad coelum. omnes praeliabantur insimul. imbres telorum obnubilabant aerem. Raimunds Darstellung entspricht mehr der Kampfweise der Seldjuken, wie wir sie schon bei Doryläum kennen gelernt haben. Ausserdem bewegt sich jene Schilderung in zu allgemeinen Wendungen, um vollkommen glaubwürdig zu sein, und der »luftverdunkelnde« Pfeilhagel will nicht recht zu dem Nahkampf passen.

1) Wiewol Raimund von einem Zurückweichen der Christen und einem Eingreifen der Reserve nichts sagt, vielmehr »ohne Verzug« die Franken siegen lässt und anderseits die Schilderung der Gesta ganz poetisch ausgeschmückt ist, so können wir doch wohl in den Hauptpunkten einen ähnlichen Verlauf des Gefechts annehmen, wie er dem fast aller anderen Schlachten dieser Periode entspricht. Der Bericht Raimunds ist zu summarisch gehalten und die Wendungen »ohne Verzug fliehen« und ähnliche sind zu formelhaft, als dass sie gegen die Gesta angeführt werden dürften. (Gesta (136 K. 16): postquam venit maxima virtus illorum, quae erat retro, acriter invasit nostros, ita ut nostri paulatim jam cederent retro. quod ut vidit † Boamundus, ingenuit. tunc praecipit suo conostabili † dicens: vade, quam citius potest †. † agebat iste inter agmina Turcorum. tam vehementer

Raim. (247 B.): at nostri tantum patiebantur, dum priores de Turcis posterioribus infarcirentur. etenim † non minus quam 28000 equitum in hoc bello fuisse referuntur. utque satis prior acies Turcorum subsequentibus inclusa est, invocato Deo, procurrunt Franci. † nec mora adest Dominus † prostravit inimicos. itaque persecuti sunt eos Franci †

Wir kommen zu folgenden Resultaten:

1) Entwerfung des Operationsplans durch den Kriegsrat, höchst wahrscheinlich unter dem überwiegenden Einflusse Boemunds.
2) Wahl einer von einem Fluss und einem See eingeengten Ebene und Anlehnung der Flügel an diese Terrainabschnitte.
3) Untauglichkeit des Fussvolks bei hervorragender Tüchtigkeit der Reiterei; daher vollkommene Trennung beider Waffen.
4) Ernennung Boemunds zum Oberstkommandirenden durch die Fürsten unmittelbar vor der Schlacht.
5) Gliederung des Ganzen in sechs landsmannschaftliche Kavalleriehaufen.
6) Gedehnte Aufstellung; Bildung einer Reserve unter Boemund; Formation von drei Treffen in Staffelform wahrscheinlich.
7) Drei Hauptmomente sind an dem Kampfe zu unterscheiden: erstens, Anmarsch der Schwadronen im Schritt unter dem Pfeilhagel des Feindes, Nahkampf mit den türkischen Schützenschwärmen zweifelhaft; zweitens, Übergang zum raschen Angriff mit der blanken Waffe, vielleicht auch um den Pfeilregen abzuschneiden; drittens, Attacke der Reserve mit entscheidendem Erfolg.

---

instabat illis, ut linguae vexilli volitarent super capita Turcorum. videntes autem aliae acies, quod vexillum Boamundi tam honeste esset ante illos delatum, illico redierunt retrorsum; nostrique unanimiter invaserunt Turcos, qui omnes stupefacti arripuerunt fugam).

III.

Gefecht am Brückentor von Antiochien,

Anfang März 1098.

(Raim. 248).

Für dieses Gefecht verweise ich auf Sybel (342 ff.) und Kugler (91 ff.). Uns interessirt daran hauptsächlich nur, dass die in der vorhergehenden Schlacht hervortretende Kampfweise der Franken und Türken in ihren Hauptzügen bestätigt wird. Raimund konnte den Verlauf des Gefechts fast mit denselben Worten erzählen: Das im Schritt anrückende Christenheer hatte zuerst einen Pfeilhagel der zerstreut kämpfenden türkischen Schützen auszuhalten; erst als die geschlosseneren Scharen des feindlichen Hauptheeres auf dem Gefechtsfeld erschienen, erfolgte der Massenangriff der Christen. Wie in allen anderen Lager- und Ausfallsgefechten, nahm auch an diesem das Fussvolk Teil. Es war in Haufen abgeteilt, kämpfte teilweise mit Nahwaffen und scheint wenigstens zum Teil zwischen den Reitergeschwadern Stellung gehabt zu haben. Denn es heisst, ein Haufe (acies) von 150 Fussgängern, offenbar Südfranzosen, habe sich während des Nahkampfes unter Führung eines vornehmen provençalischen Ritters in den Kampf gestürzt und den anderen Scharen dadurch ein anfeuerndes Beispiel gegeben.

Raim. (249 A.): interea nostri paulatim et pro imperio procedere, Turcae autem discurrere, sagittare, nimis audacter nostris incurrere; at nostri interdum patiebantur, dum densatis incurrere possent; nec ad impetum eorum retardabantur. † cumque cominus res agenda foret, quidam Isuardus miles de Gagia, Provincialis nobilissimus cum 150 peditibus, invocato Deo, genibus flexis, socios hortatus est dicens: »eia milites Christi«: atque hostibus incurrit, similiter et aliae acies nostrae incurrunt.

IV.

Vorpostengefecht an dem Provençalenkastell,

1098.

(Raim. 250).

Als ein aus Reiterei bestehender Wachtposten an der Stadtbrücke durch feindliche Übermacht von dem Kastell Raimunds abgeschnitten und eingeschlossen war, bildete er einen Knäuel, zog sich zu einem Gebäude zurück, und hielt in dieser Stellung so lange »des Feindes Andrang, der Pfeile Wut und den Nebel der von allen Seiten heranfliegenden Steine« aus, bis das Alarmsignal die Lagermannschaft herbeigerufen hatte, welche die Orientalen in die Flucht schlug.

Raim. (250 C.): non arbitror modo quorundam militum egregiam virtutem reticendam, qui praeventi ab inimicis, dum eorum pontem custodiunt, ad castellum refugere non potuerunt; aberat enim castellum (a ponte illorum) quasi jactu unius sagittae. igitur hi milites facto gyro inter hostium multitudinem ad angulum cujusdam vicinae domus pervenerunt; ibique hostium impetus et sagittarum rabiem et saxorum undique nebulam viriliter et imperterriti sustinuerunt. interea sonitus pugnae auditus in castris nostros excitavit. sicque castrum ab hostibus liberatum est †

V.

Die Entscheidungsschlacht vor Antiochien,

28. Juni 1098.

Vgl. H. v. Sybel, Gesch. des ersten Kreuzzugs, S. 351. Kugler, Albert von Achen, 155. Delpech, La Tactique au XIIIme Siècle, II, 155. (Raim. 258. Fulch. 347. Gesta 150. Rad. 658. Alb. 421. (Wilh. 262).)

Das Kreuzheer formirte sich innerhalb der Mauern Antiochiens in acht landsmannschaftlich geordneten Schlachthaufen [1]), welche Doppelhaufen (acies duplices) genannt werden, weil ein jeder aus Kavallerie und Infanterie zusammengesetzt war. Je zwei waren zu einem Treffen zusammengefasst. Beim Ausmarsch über die Orontesbrücke bildeten nach unserem besten Gewährsmann, Raimund, der als genau referirender Augenzeuge vorzüglichen Wert beanspruchen darf, Robert von der Normandie, Hugo und Robert von Flandern die Tete der Kolonne mit zwei Doppelhaufen. Ihnen folgten unter Gottfried »dessen Landsmannschaft und die Burgunder«, wie Raimund, oder »Lothringer und Alemannen«, wie Fulcher sagt; diesen die Mannen Adhemars und Raimunds unter des ersteren Kommando — denn der erkrankte Graf war zum Schutz der Stadt gegen die Burg zurückgelassen. An der Queue befanden sich die beiden Doppelhaufen Boemunds und Tankreds unter der gemeinschaftlichen Führung Boemunds. Folgendes auf Raimund gestütztes Schema mag diese Ordnung verdeutlichen.

Hugo. Rob. v. Fl.		Robert v. d. Norm.	
. . . .	pedites	. . . .	pedites
————————	milites	————————	milites
Francigeni.		Normanni.	
	Gottfried.		
. . . .	pedites	. . . .	pedites
————————	milites	————————	milites
Burgundiones.		gens ducis.	
	Adhemar.		
. . . .	pedites	. . . .	pedites
————————	milites	————————	milites
gens Raimundi.		gens Adhemari.	
	Boemund.		
. . . .	pedites	. . . .	pedites
————————	milites	————————	milites
gens Tancredi.		gens Boamundi.	

1) Inmitten des ganzen Referats bringt dieser wundersüchtige Gewährsmann, wie wir das an ihm kennen, wieder phantastische, fast visionäre Angaben, die sich aber aus ihrer realen Umgebung leicht herausheben lassen. So mit andern legendarischen Notizen die Bemerkung, dass während der Schlacht noch fünf andere Haufen auf dem Schlacht-

Da die drei letzten Treffen einheitlich geführt wurden, so werden wir das auch von dem ersten annehmen dürfen; wahrscheinlich hatte hier Robert von der Normandie als Chef eines ganzen Doppelhaufens die Leitung. Der Oberbefehl über die gesammte Armee war Boemund anvertraut worden [1]).

Raim. (258 E.): omnes Boamundo obedientiam promiserunt usque ad 15 dies post bellum, ut de custodia civitatis et de bello ipse disponeret. † † (259 E.): constituerunt autem de bello sic: ut de gente comitis et episcopi fierent 2 ordines duplices, ut pedites praeirent militibus et pro imperio principum irent et starent; et milites sequerentur eos, atque a tergo custodirent. de gente Boamundi et Tancredi similiter; de gente ducis et Burgundionibus similiter. ibant autem praecones per civitatem clamantes, unusquisque homo principibus de sua gente adhaereret. mandatum est etiam, ut Hugo Magnus et comes Flandrensis et Normanniae comes primi ad bella procederent; deinde dux, post ducem episcopus, post episcopum Boamundus. congregati sunt unus-

---

feld erschienen seien. Immerhin wäre es ja möglich, dass während des Gefechts einzelne Führer aus der grossen Menge der zurückgebliebenen Kranken neue Haufen gebildet hätten, und dass sich die Angabe Raimunds darauf zurückführen liesse. Sein durch Fulcher so vorzüglich gestütztes Referat über die Ordnung und den Aufmarsch der Haufen kann jedoch dadurch nicht erschüttert werden.

1) Der ungenaue Bericht der Gesta (150; K. 39) beweist Unbekanntschaft oder verwirrte Erinnerung des Verfassers. Noch unrichtiger ist Radulfs Darstellung (666 C.). Dagegen bestätigt Fulcher Raimunds Angaben. Fulch. (348 E.): cognovit (Turcus) signum episcopi Podiensis cum tertia turma procedens. † † ecce autem Hugo Magnus et Robertus comes Normannus, comes quoque Flandriae Robertus in acie prima constituti sunt invasores. in secunda vero dux Godefridus cum Alemannis et Lotharingis subsecutus est. post hos episcopus Podiensis et gens Raimundi comitis, Guascones et Provinciales incesserunt. † postremam quippe catervam Boamundus solerter minavit. Gegenüber Raimund bemerken wir hier nur die kleine Differenz in der Bezeichnung der Landsmannschaften des zweiten und dritten Treffens, sowie dass Tancred nicht besonders genannt wird.

quisque ad signum et cognationem suam, infra civitatem ante portam pontis. † † etenim, ut jam dictum est, 8 acies nostri principes † constituerunt †

Jede grosse Landsmannschaft (gens, cognatio, acies) zerfiel wieder in Unterabteilungen, jedenfalls in engere Landsmannschaften, deren Führer wol im Vasallitätsverhältnis zu den leitenden Fürsten standen.

Fulch. (348 B.): exierunt de civitate † vexillis praecedentibus scararum et acierum separatim per catervas et phalanges convenienter divisarum[1]).

Beim Übergang über die Brücke folgten die Doppelhaufen einander in Kolonne, vermutlich links abmarschirt und mit sehr schmaler Front.

Gesta. (151 K. 39): vidit Francorum acies † ordinatas exire unam post aliam †

Auf Herstellung einer guten Ordnung, insbesondere auf eine scharfe Gliederung, hatte man augenscheinlich ganz besondere Sorgfalt verwandt.

Raim. (260 C.): cumque vidisset ordinum dispositiones, Mirdalin dixit ad Corbaram: »occidi quidem isti possunt, sed verti in fugam nequeunt«.

Gesta. (151 K. 39): postquam Curbaram vidit Francorum acies tam pulchre ordinatas exire unam post aliam †

Fulch. (348 C.): cum (Amirdalis) vidisset gentem nostram contra eos signis levatis sic egredientem, miratus est valde. et cum signa procerum nostrorum considerasset, quae singillatim cognoscebat ordinate procedere, mox fore praelium ratus est. cumque item prospiceret vexilla principum nostrorum altrinsecus ordinate praeferri et acies divisas decenter subsequi, † dixit †

Die Ordnung der »acies« war also, wenn wir annehmen wollen, dass der Übergang in Linksabmarsch erfolgte und die

---

1) Bei der Zusammensetzung jedes Haufens aus Fussvolk und Kavallerie dürfte vielleicht an dieser Stelle »scara« das Fussvolk, »acies« die Reiterei, »caterva« und »phalanx« die Unterabteilungen beider Waffen bezeichnen.

Treffencommandeure den Doppelhaufen ihres rechten Flügels führten, folgende:

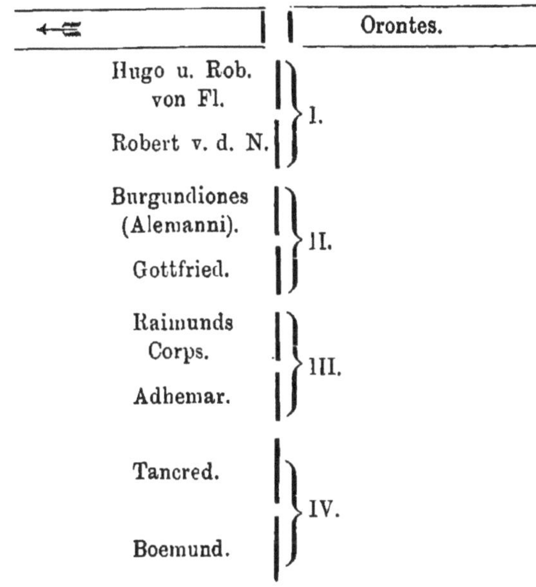

Jenseits der Brücke stellte sich das Kreuzheer in Gefechtsordnung. Delpech behauptet eine Kolonnenformation in vier Treffen zu je drei »acies«. Diese aus Wilhelm von Tyrus, d. h. aus dem hier ganz unzuverlässigen Albert geschöpfte Ansicht ist offenbar falsch aus folgenden Gründen: Erstens wird die Stellung des Fussvolks vor einer jeden Schwadron eine Kolonnenformation kaum möglich erscheinen lassen; zweitens bezeugen die Hauptquellen hinreichend deutlich und hier in voller Übereinstimmung eine von dem Fluss bis zu den zwei »milliaria« entfernten Bergen sich hinziehende Aufstellung von Christen und Mohammedanern. Denn es heisst bei Raimund, die Christen seien nach dem Gebirge zu marschirt, damit sie nicht umgangen würden. Da nun auch die Gefechtslinie jedenfalls den Orontes berührte, so folgt daraus, dass sich dieselbe von dem Flusse bis zu dem zwei starke »milliaria« entfernten Gebirge ausdehnte.

Raim. (260 E.): nostri autem tantum acies suas versus

montana dirigebant caventes, ne nos incingerent a tergo. erant autem montana a ponte quasi duobus magnis milliaribus.

Es wird ferner ausdrücklich gesagt, die christliche Aufstellung habe die ganze Ebene von der Brücke bis zu den Bergen eingenommen.

Raim. (260 G.): cumque, ut diximus, planitiem totam occupassemus † † in hoc autem spatio, quod processimus, a ponte usque ad montana maxime laboravimus propter hoc, quod ipsi hostes volebant nos accingere.

Da nicht alle Haufen die Ebene bis zu den Bergen durchschritten, so kann Raimund unter den »nos« nur seine eigene Schar verstehen, in der er selbst sich befand, eine Vermutung, die durch die folgenden Worte sogleich bestätigt wird:

Raim. (260 J.): inter haec, licet majores hostium ordines nobis, qui in turma episcopi eramus, incumberent, tamen † nullum ibi vulneraverunt † [1])

Endlich erfahren wir aus den Gesta (151 K. 39), dass sich auch die Schlachtstellung der Asiaten von dem Orontes bis zu den Bergen in einer Ausdehnung von zwei milliaria hinzog:

aliae autem turmae (Turcorum) ordinatae sunt a flumine usque ad montanam, quod distat per 2 milliaria.

Gegen eine Kolonnenformation sprechen ferner die Worte derselben Quelle (151 K. 39):

Godefridus et Flandrensis comes et Hugo equitabant juxta aquam, ubi virtus illorum erat. isti primitus † invaserunt illos. videntes hoc aliae acies simili modo invaserunt illos,

aus denen hervorgeht, dass die »aliae acies« nicht direkt hinter Hugos und Gottfrieds Scharen, sondern seitwärts von demselben

---

1) Dass Adhemar am Gebirge gestanden habe, bestätigt Albert: (422 B.): episcopus vero Podiensis suam per se aciem versus montana dirigebat †. (426 C.): Corbaham autem † qui † a sinistris Christianorum stationem occupaverit, nequaquam suis fugitivis † sociis ad opem contendere poterat. nam illi Podiensis episcopus fortiter in faciem resistebat †

standen. Noch deutlicher sagt Albert (422 B.), dass Robert von Flandern und Robert von der Normandie mit ihren beiden Schlachthaufen »auf einer Seite« vorangegangen seien.

> Robertus comes Flandriae et Robertus princeps Nortmannorum duabus praeferuntur aciebus et sic juncti hi duo propinqui in uno latere constituuntur.

Endlich scheint auch schon die geringe Zahl der Christen eine gedehnte Aufstellung erforderlich gemacht zu haben.

Da somit das erste der vier Treffen auf der einen und das dritte auf der andern Seite stand, so muss das zweite in der Mitte seinen Platz gehabt haben. Das vierte Treffen bildete nach einstimmiger Überlieferung die Reserve unter Führung des Oberstkommandirenden Boemund.

Erscheint nach alledem die Annahme einer Kolonnenformation ganz ungerechtfertigt, so ist doch auch die Vorstellung einer gedehnten Aufstellung, bei der die Schlachthaufen auf gleicher Höhe standen, nicht haltbar; die Ordnung erweist sich vielmehr als eine Staffel von drei Treffen, von denen das vorderste sich an das rechte Orontesufer und das am weitesten zurückstehende an das Gebirge anlehnte, während ein viertes Treffen in Reserve folgte. Dass Hugo zuerst, dann die anderen Doppelhaufen der Reihe nach an den Feind kommen sollten, wurde von vorn herein im Fürstenrat bestimmt.

> Raim. (259 F.): mandatum est etiam, ut Hugo † et comes Flandrensis et Normanniae comes primi ad bella procederent; deinde dux, post ducem episcopus, post episcopum Boamundus. † † quae a principibus consulta fuerant, ordine complentur.

Demgemäss sehen wir, dass die am Orontes hinmarschirenden Haufen zuerst ins Gefecht gekommen sind; sie waren also auch schon weiter als die anderen Teile vorgerückt, die erst später nach einander zum Schlagen kamen. Hier bestätigen Raimund die Gesta (151 K. 39):

> Godefridus et Flandrensis comes et Hugo † equitabant juxta aquam, ubi virtus illorum erat. isti primitus † in-

vaserunt illos. videntes hoc aliae acies simili modo invaserunt illos † [1])

Der Aufmarsch des Kreuzheeres aus der Zugkolonne in die Gefechtsstellung scheint demnach derart erfolgt zu sein, dass zunächst das erste Treffen nach Überschreitung der Orontesbrücke eine Schwenkung vollzog, um dem rechten Ufer des Flusses entlang zu marschiren. Das zweite Treffen schwenkte erst dann in die gleiche Marschrichtung ein, nachdem dasselbe hinter dem ersten vorbeimarschirt war. Das dritte Treffen zog hinter dem ersten und zweiten vorbei, und machte erst nahe den Bergen die Wendung, nachdem es vielleicht, wie auch das zweite, zunächst halbrechts (bezw. halblinks) marschirt war. Dadurch musste eine staffelförmige Gefechtsordnung entstehen, wie sie bei Kavallerie auch heute noch häufig formirt wird. (S. Tafel III).

Bei dem Aufmarsch scheinen die einzelnen Krieger ungewöhnlich weiten Abstand von einander genommen zu haben, denn Raimund hebt hervor, dass man in so weitläufiger Ordnung nach den Bergen zu marschirt sei, wie die Kleriker sie in Processionen einzuhalten pflegten. Die geringe Zahl der Streiter erklärt dies sehr wol.

Raim. (260 E.): procedebamus ita spaciosi, sicut in processionibus clerici pergere solent; et revera nobis processio erat.

Da die Front der Gefechtsaufstellung eine Breite von zwei grossen »milliaria«, also von mindestens 2000 Schritt hatte, und

---

1) Auch Fulchers Worte (349 B.): »ecce autem Hugo † et Robertus comes Normanniae, comes quoque Flandriae Robertus in acie prima constituti sunt invasores« lassen keine andere Deutung zu, als dass man von diesem ersten Treffen den ersten Kampf erwartete. — Wilhelm (268) fasst dies auf Grund Alberts ebenso auf: »quibus cum appropinquassent adeo, ut jam in eos hostes sagittas suas contorquere possent, facto impetu, tres primae acies † in eos irruunt lanceis et gladiis instantes cominus«. Noch deutlicher: »dumque primae acies † in agone desudant, ecce subsequentes eis adjunctae et illatae impetu non inferiore eos, qui se praecesserant reddunt tam audacia quam viribus praestantiores. cumque jam omnes, excepta novissima, cui praeerat † Boamundus ad hostes pervenissent acies et cum eis decertarent« †

Aufmarsch in Gefechtsordnung.

Taf.

Erster Moment.

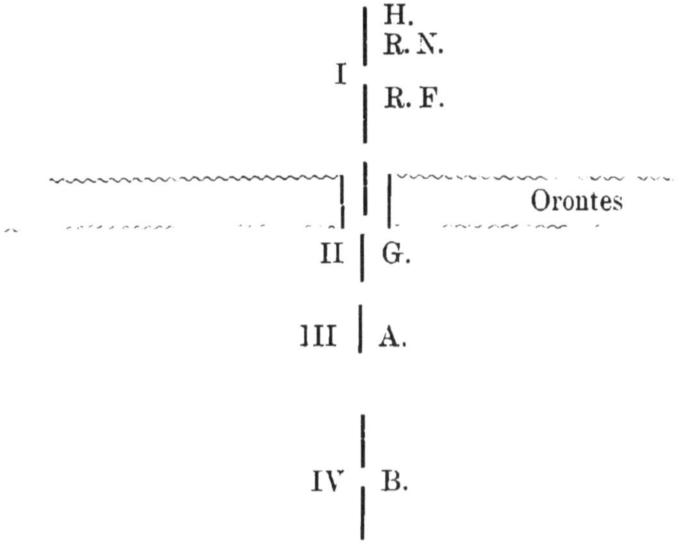

I H.
R. N.
R. F.

Orontes

II G.

III A.

IV B.

Zweiter Moment.

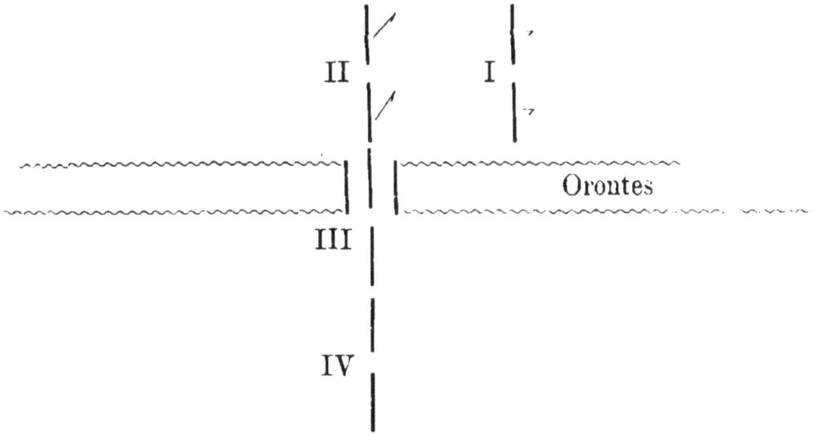

II I

Orontes

III

IV

Dritter Moment.

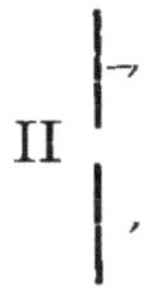

II

Vierter Moment.

montana

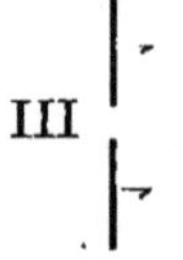

II

IV

I

Orontes

Fünfter Moment.

montana

R F

III

IV

II

nach den furchtbaren Kämpfen und der entsetzlichen Hungersnot nur wenige hundert Pferde in der Stadt gewesen sein können [1]), so kann die Linie der Kavallerie in der Tat nur sehr dünn gewesen sein. Höchstens war sie zweigliedrig, wie dies heute fast die einzige Form für die geschlossene Attacke ist, um möglichst viel blanke Waffe an den Feind zu bringen. Für die damaligen Panzerreiter war dies gewiss noch mehr als für die moderne Kavallerie gegeben.

Die Infanterie nahm wieder an einer grossen Feldschlacht Anteil. Wir glauben jedoch aus den Worten des Fürstenrates:

constituerunt autem de bello sic: † ut pedites praeirent militibus et pro imperio principum irent et starent; et milites sequerentur eos atque a tergo custodirent (Raim. 259 E.)

die Besorgnis vor Unordnung und Disciplinlosigkeit des Fussvolks und dessen Unselbständigkeit und Unerfahrenheit herauslesen zu dürfen. Seine Stellung war vor den Kavallerieabteilungen, um das Gefecht zu eröffnen, seine Hauptwaffe der Bogen. Wir dürfen uns aber die Schützenabteilungen nicht in moderne dünne Linien aufgelöst denken. Dass dieselben vielmehr in dichten Schwärmen vorgingen, geht schon daraus hervor, dass die ganze Masse der Infanterie der sehr geringzähligen Kavallerie voranging.

Ausser den Bogenschützen gab es im Heere, wie wir wohl Radulf glauben dürfen, eine grosse Zahl von Lanzenträgern, vielleicht auch Speerwerfer, welche gesonderte Aufstellung, etwa als Unterstützungstrupps, nahmen.

Rad. (622 A.): densissima pedestrium hastarum sylva †

Rad. (665 C.): sic reliquum certo disponunt ordine bellum: quo stent pila loco, quo lancea, quove sagitta † [2]).

---

1) Schon im Februar waren ja nur 700 kriegstaugliche Pferde vorhanden. Albert (427 A.) zählt gar nur 200 Pferde: »affirmant ex veritate qui aderant, quoniam vix 200 supererant equi bello apti in die, bua praelium † commiserunt«.

2) Als Zeitgenosse musste Radulf die Waffengattungen und ihren

Über die Bewegungen der Infanterie bei der Kavallerieattacke lassen uns die Quellen fast vollständig im Stich. Doch ist es selbstverständlich, dass sich dieselbe, um die Front frei zu machen, hinter die Kavallerielinie zurückzog, indem sie teilweise hinter den Flügeln einschwenkte, teilweise durch die Intervalle der Schwadronen durchgelassen werden musste. Letzteres folgt aus der grossen Ausdehnung der Gefechtslinie zu einer Länge von zwei starken Millien. Denn es ist gar nicht anzunehmen, dass sich sämmtliches Fussvolk in der Eile nach den Flanken hätte zurückziehen können. Es mag dann während des Gefechts sich aufs neue gesammelt haben, wie wir in der Tat aus Raimund erfahren, dass eine türkische Abteilung nach dem Aufmarsch der Christen im Rücken ihrer Schlachtlinie einen Infanteriehaufen attackirt habe.

Raim. (260 G.): cumque, ut diximus, planitiem totam occupassemus, quaedam pars Turcorum post nos remansit, atque quibusdam peditibus nostris incurrit.

Von taktischen Bewegungen der Fusstruppen hören wir sonst nur noch, dass der genannte Haufe beim Angriff der Türken einen Knäuel formirt habe.

Raim. (260 G.): pedites vero illi facto gyro impetum hostium sustinuerunt viriliter. cum vero Turci nullo modo eos propellere possent, ignem circa eos accenderunt † [1]).

Aus der ehrenvollen Erwähnung des Mutes und der Widerstandskraft des Fussvolks sehen wir, dass die unaufhörlichen Kämpfe um Antiochien die Brauchbarkeit dieser Waffe schon bedeutend erhöht haben.

Raim. (260 G.): pedites † impetum hostium † sustinuerunt

Gebrauch im allgemeinen ebenso gut kennen wie jeder andere, wenngleich auch hierfür zu bemerken ist, dass er lange Jahre nach dem Ereignisse schrieb. Aber die Knäuelbildung des Fussvolks bezeugt uns ebenfalls das Vorhandensein von Lanzen- oder Speerträgern (s. u.).

1) Alb. (425 A.): oppressi † viribus tantorum et fraude † circumventi comitatus Boemundi in miserum et anxium globum † cogebantur †

viriliter. cum vero Turci nullo modo eos propellere possent † [1]).

Noch mehr als diese Zeugnisse beweist das Factum des glänzenden Sieges; bei der sehr geringen Zahl der Reiter muss dem Fussvolk ein nicht unerheblicher Anteil an demselben zugefallen sein.

Ob das europäische Heer seine Front gegen Osten, wie Kugler oder, wie Sybel annimmt, gegen Westen gewandt habe, ist nicht mit voller Sicherheit zu entscheiden. Die erste Ansicht stösst namentlich auf zwei Schwierigkeiten. Radulf erzählt nämlich (669 A.) »lang und breit«, wie der Ostwind den Rauch des von den Türken entzündeten Grases dem detachirten Corps Rainalds anfangs ins Gesicht getrieben habe; darauf sei er plötzlich in Westwind umgeschlagen, sodass er nun den Türken entgegengekommen sei. Der Kuglersche Ausweg (161): »die Christen seien in einen »Klumpen« zusammengedrängt und rings von den Feinden umstellt worden«, beseitigt die Schwierigkeit nicht, weil hiernach sowol West- wie Ostwind den Christen wie den Türken entgegengeweht hätten. Die Annahme einer Frontstellung nach Westen räumt dagegen dieses Bedenken hinweg. Auch die Angabe der Gesta (151 K. 39), dass die Verfolgung sich bis zum Tankredkastell erstreckte, würde auf diese Weise einfacher zu erklären sein. Ferner liessen sich etwa die Hauptstellen, auf die sich Kugler (160 ff.) stützt, auch zur Not so auslegen, dass sie für eine westwärts gerichtete Front sprechen. In den Worten der Gesta:

---

1) Alb. (423 F.): omnem manum sagittariorum pedestris vulgi praemiserunt a porta †. qui † in Turcos sagitta infestos et ipsi sagitta irruerunt, scuto tectis pectoribus resistentes et a loco amoventes, quousque ad stationem equorum ipsorum sagitta Christianorum transvolante perventum est. Turci itaque † videntes se non posse obsistere, nec viros christianos a ponte abigere, sed equos suos posse sagittarum laesione perire, versi in fugam †.

»denique divisi sunt Turci: una pars ivit contra mare« und in dem Satze:

»hanc miserunt obviam Turcis, qui veniebant a mari«

liesse sich der Ausdruck »mare« anstatt auf das Mittelmeer auch etwa auf den östlich gelegenen See von Antiochien beziehen, da ja Seeen von den damaligen Schriftstellern zuweilen »Meere« genannt werden, z. B. Mare Mortuum und Mare Galilaeum. Es muss hierzu freilich bemerkt werden, dass die Gesta selbst den See von Antiochien an einer Stelle (136 K. 16) »lacus« nennen. Bei dieser Annahme müsste vorausgesetzt werden, dass Albert oder seine Quelle in den Worten (424 C.):

»Solimannus vero † cum suis cuneis † a cetera societate sequestrati versus haec montana et viam quae respicit ad portum † Simeonis † contendunt, ut si Christiani victi forte illuc fugam meditarentur ad maritima eis occursarent« †

das »mare« irrtümlich für das Mittelmeer gehalten habe. Dadurch, so müssten wir weiter schliessen, ist Albert zu der falschen Angabe veranlasst worden: der linke Flügel der Christen habe an den Bergen gestanden.

Alb. (422 B.): episcopus vero Podiensis suam per se aciem versus montana dirigebat † † (426 C.): Corbaham autem † qui a sinistris Christianorum stationem occupaverat, nequaquam suis fugitivis † sociis ad opem contendere poterat. nam illi Podiensis episcopus fortiter in faciem resistebat †

Alles in Allem genommen dürfte doch wol die Auffassung Kuglers den Vorzug verdienen.

Es ist wol nicht zweifelhaft, dass Kerbogha die Christen am Ausmarsch hätte hindern können, wenn er gewollt hätte. Er rechnete aber vielleicht, dass er das heruntergekommene Kreuzheer in offener Feldschlacht leicht überwinden und so dem Krieg mit einem Schlage ein Ende machen könnte. Die

Albertsche Erzählung von einer Besetzung der Brücke durch eine türkische Schützenabteilung (423 F.) müssen wir, da Raimund und die Gesta direkt widersprechen, abweichend von Kugler und Delpech verwerfen.

Raim. (260 D.): cum (Turci) primo potuissent exitum nobis prohibere, pacifice exire permittebant.

Gesta (151 K. 39): postquam Curbaram vidit Francorum acies † exire unam post aliam, dixit: »sinite eos exire, ut melius eos habeamus in potestate nostra«. postquam vero fuerunt foris de urbe †

Mehr als unwahrscheinlich erscheint bei Delpech, der auch die Heldentaten Gottfrieds gläubig nachschreibt, die auf Albert beruhende Bemerkung, die Flotte an der Orontesmündung habe die Rückzugslinie zum Meere decken sollen. Werden die Christen an einen Rückzug nach dem fernen Meere gedacht haben, während sie ihre Festung unmittelbar im Rücken hatten? Endlich ist es nicht zulässig, diese Schlacht für die Mangelhaftigkeit des Kampfes mit verbundenen Waffen heranzuziehen, wie es von demselben Forscher geschieht. Es ist zwar eine gewisse Unselbständigkeit der Infanterie bemerkbar; aber was sie in Verbindung mit der Reiterei im Gefecht geleistet oder nicht geleistet hat, entzieht sich unseren Blicken. Was die Quellen darüber sagen, lautet nur günstig, ein Zeichen, dass sich ihre Kriegstüchtigkeit gegen früher erhöht hat. Eine Trennung beider Waffen, wie wir sie vor der Schlacht am Antiochischen See wahrnahmen, kam fortan nicht mehr vor.

Die Ergebnisse sind für uns folgende:

1) Das Schlachtfeld war eine Ebene, die bei der vorwiegenden Bedeutung der Kavallerie einzig passende Bodenform.
2) Die Flügel lehnten sich an Terrainabschnitte an, einerseits an einen Fluss, anderseits an Berge, um nicht umgangen zu werden.
3) Der angreifende Teil waren die Christen; doch haben die Orientalen im entscheidenden Moment eine Gegenbewegung gemacht.

4) Der Fürstenrat bestimmte die Gefechtsordnung.

5) Das Oberkommando ward Boemund auf vierzehn Tage übertragen.

6) Die vornehmsten Fürsten führten selbständige Corps ins Gefecht, je zwei derselben vereinigten sich jedoch zu einem Treffen unter der Führung des einen von ihnen.

7) Man ging nicht in Kolonne vor, sondern in einer sehr gedehnten, gut zwei Millien langen Staffel von drei Treffen, welche aus der Zugkolonne durch Einschwenken höchst wahrscheinlich nach rechts formirt wurde, sodass die am Fluss avancirenden Corps die vorgeschobenste Stellung einnahmen; ein viertes Treffen bildete unter dem Kommando des Oberbefehlshabers Boemund die Reserve.

8) In jedem Doppelhaufen war Kavallerie und Infanterie vereinigt.

9) Letztere hatte am Kampfe bedeutenden Anteil, stand anfangs in dichten Schwärmen im Vordertreffen und zog sich bei der Attacke der Reiterei nach den Flanken und durch die Abstände der Reiterabteilungen zurück, um hinter der Front sich wahrscheinlich von neuem zu sammeln. Die Masse der Infanterie wird den Bogen geführt haben; doch muss ein Teil auch mit Lanzen bewaffnet gewesen sein.

10) Umgangen, formirten die Infanterieabteilungen Knäuel.

11) Gegen früher ist ein Fortschritt in der Kriegstüchtigkeit des Fussvolks bemerkbar.

12) Das ganze Kreuzheer war landsmannschaftlich geordnet und wol gegliedert. Die grösseren Volksstämme setzten sich aus Unterabteilungen zusammen, die wol wieder engere Landsmannschaften darstellten.

V.

Schlacht bei Askalon,

12. August 1099.

(Raim. 303. Fulch. 372. Gesta 161. Alb. 490.)

Der zuverlässigste Gewährsmann, unmittelbarer Augenzeuge, wie man aus der Erzählung in erster Person sieht, ist wieder, wie ein Jahr zuvor bei Antiochien, Raimund. Er war wahrscheinlich wieder Träger der h. Lanze, also mitten im Kampfgetümmel. Nächst ihm erweckt Fulchers sachkundige, schmucklose und mit den Hauptquellen nicht in den mindesten Widerspruch tretende Darstellung das meiste Vertrauen, wenngleich der Verfasser zur Zeit der Schlacht noch in Edessa weilte. Auch der Verfasser der Gesta darf, wiewol bei ihm schon mehr sagenhafte Züge als bei jenen Quellen hervortreten, in den wesentlichsten Punkten Glauben beanspruchen, zumal die mehrmals erscheinende erste Person auf Autopsie schliessen lässt und Widersprüche mit den beiden genannten Berichten auch bei ihm nicht bemerkbar sind. Alberts Erzählung dagegen, die ausführlichste von allen, ist, wenn sie auch in einigen Einzelheiten unzweifelhaft Richtiges enthält, doch im Ganzen und Grossen so verworren, dass sie nur mit grösster Vorsicht zu benutzen ist. Schliesslich mag noch des von Ekkehard von Aura überlieferten Briefes über den Kreuzzug und der mit Zusätzen versehenen Überarbeitung der Gesta von Baldrich Erwähnung geschehen. Der Wert beider Schriften ist fraglich. Ob die von Hagemeier[1]) behauptete Verfasserschaft Raimunds für jenen Brief zu Recht besteht, ist für uns noch keineswegs ausgemacht. Wegen seiner summarischen Kürze würde er ohnedies für unsere Zwecke wenig in Betracht kommen. Ebenso fragwürdig ist das dem Baldrich von Sybel geschenkte Ver-

1) Forsch. z. d. G. XIII, 400 ff.

trauen, da sein Bericht fast Wort für Wort, vielfach nur mit Änderung der Namen, soweit er nicht den Gesta entnommen ist, mit einer Darstellung der Gesta Consulum Andegavensium (H. F. XI. p. 269 C.) von der Schlacht bei Chef-Boutonne des Jahres 1037 übereinstimmt. Näheres hierüber behalten wir uns vor.

In der Absicht, das jüngst eroberte Jerusalem den Christen wieder zu entreissen, war der Sultan von Ägypten mit einem grossen Heere im Hafen von Askalon gelandet. Um diesem Angriff zuvorzukommen und den Feind zu überraschen, hatte das in dreijährigen Kämpfen furchtbar zusammengeschmolzene Kreuzheer seine letzte Kraft aufgeboten. Die einzeln nach einander ausmarschirten Fürsten sammelten sich mit ihren Mannen am zweiten Tage auf den Feldern von Ramla und richteten gegen Abend an einem kleinen Küstenflusse zwischen Ramla und Askalon, eine Millie von dieser Stadt entfernt, ein Biwak her [1]). Am Morgen des dritten Marschtages, am 12. August 1099, rückten 10200 Mann, 1200 Reiter und 9000 Fussgänger [2]), von hier gegen den Feind, welcher Askalon im Rücken hatte, also etwa in süd-süd-westlicher Richtung vor. Auf diesem Marsch vor dem Feinde hatte man, ebenso wie an dem vorhergehenden Tage, eine geöffnete karreeförmige Marschkolonne von neun landsmannschaftlich geordneten Haufen formirt, dessen Form Delpech (II, 230 Pl. IV) richtig wiedergibt:

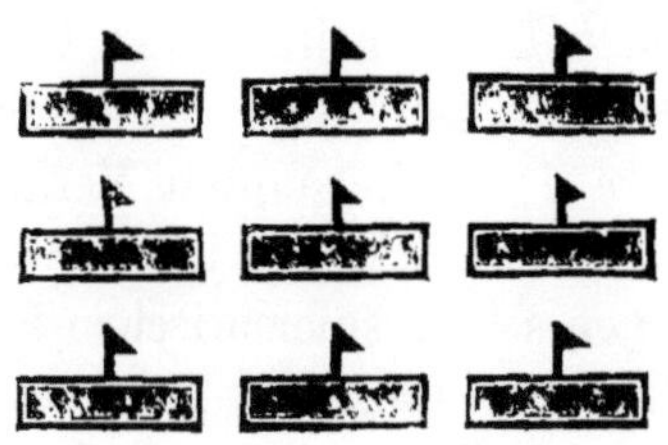

1) Siehe Raim. 303 F. 304 F. und Gesta 161 K. 51. 52.
2) So die präcise Angabe Raimunds 304 A.

Vor- und Nachhut sowie Seitentrupps deckten dieselbe. Diese schwerfällige Marschformation sollte sich aber zugleich bei plötzlichem Angriff in eine Gefechtsordnung von drei Treffen umbilden, die ihre Front nach jeder Richtung kehren könne.

Raim. (304 E.): conclamatum est per exercitum, ut mane omnes ad pugnam parati essent et quisque principibus de sua gente conjungeretur † (304 H.): nos autem † ordinati in 9 turmis progrediebamur. † (303 G.): juncto exercitu per turmas dispositis praesidiis ab omni parte procedebamus. (304 F.): profecti dispositis † ab omni parte praesidiis exercitum dei in castra Mahumeth dirigebamus. (303 H.): armati † in 9 turmis incedebant. erant autem 3 a tergo, 3 a fronte, 3 in medio sic ordinatae, ut, undecunque bellum se emergeret, in tribus ordinibus illis occurreretur, turma media manente cunctis ad praesidium [1]).

Hier verlässt uns Raimund, dem wir bisher allein gefolgt sind, plötzlich; denn der Text weist da, wo ohne Frage ursprünglich der Aufmarsch in Gefechtsordnung und der Verlauf des Kampfes gestanden hat, eine breite Lücke auf [2]). Wir müssen daher über diese Dinge von den anderen Quellen, namentlich von Fulcher und den Gesta, Aufschluss zu erhalten suchen. Diese machen die nach dem Voraufgegangenen selbstverständliche Bemerkung, dass das Kreuzheer in die Küstenebene von Askalon gelangt und dort in Gefechtsordnung aufmarschirt sei. Die Führer gliederten nach Fulcher, wie in den früheren Schlachten, ihre Abteilungen und Unterabteilungen gehörig. Nach den Gesta ordnete jeder Feldherr seine Schaar, und zwar in der Weise, dass er das Fussvolk vor die Reiterei stellte.

---

1) Diese Stelle bestätigt, was wir oben S. 31, 1 über die Bedeutung von »turma« und »ordo« bei Raimund bemerkten.

2) Während in der Bongars'schen Ausgabe des Raimund (182, 4) die Lücke durch ein Sternchen bezeichnet ist, scheinen die Herausgeber des Recueil dieselbe gar nicht bemerkt zu haben; sie haben sie wenigstens (304 J.) durch nichts angezeigt.

Fulch. (362 D.): paganos accedere didicerunt, quo cito mox tribuni et centuriones per alas et cuneos gente sua constituta praelium agendum prudentissime ordinaverunt †

Gesta (162 K. 53): summo autem diluculo † intraverunt in vallem nimis pulchram secus littus maris, in qua suas struxerunt acies. dux instruxit suam, † comes Nortmannorum suam, comes S. Aegidii suam, comes Flandrensis suam, comes Eustachius suam, Tancredus et Gaston suam, ordinaverunt quippe pedites et sagittarios, qui praecederent milites, et sic ordinaverunt omnia †

Die gesammten Streitkräfte waren nach Fulcher in drei Treffen geordnet, eine Angabe, die um so glaubwürdiger erscheint, als auch nach Raimunds Zeugnis schon das Heer auf dem Marsche so geordnet war, dass es im Fall eines plötzlichen Angriffs in drei Treffen kämpfen sollte.

Fulch. (362 E.): (Hostes) machinati sunt accingere postremos, ubi dux Godefridus subsequenter cum agmine denso militum armatorum remigando, posteritatem sollicitabat. ceteri enim proceres alii in prima, alii in secunda acie praeibant.

Dass König Gottfried im dritten Treffen stand, wird durch die Analogie mit den früheren Schlachten, in denen der Oberbefehlshaber immer, wie in der Regel noch heute, die Reserve führte, bekräftigt [1]).

Das Fussvolk, Bogenschützen, Lanzenträger und wol noch andere Infanteriewaffen [2]) hatten sowol nach Fulchers Bericht

1) Ausserdem sagt es auch Albert ausdrücklich, und Baldrich lässt es wenigstens aus den Worten schliessen: der König habe die Schlacht durch einen letzten Angriff entschieden. Alb. (495 E. VI. 48): Godefridus † qui versus montana extremas acies dirigebat. Baldr. (108): milites pagani confestim fugam inierunt. Aethiopes stupefacti substiterunt. rex autem et Francorum quidam ad Aethiopes conversi et ibi aliquantulum demorati, eos tamquam segetem in transverso gladiis secabant †

2) Die Worte der Gesta: »pedites et sagittarii« (s. o.) werden von Guibert (235 G.) mit »pedites sagittarii et lancearii« und von Robert (874 C.) mit »pedites cum sagittis et pilis et telis« erklärt. Dass es unter

wie nach dem der Gesta zunächst vor der Reiterei Stellung genommen und leiteten das Gefecht ein, wie wir das ja auch in der Schlacht bei Antiochien sahen.

Fulch. (362 F.): pedites nostri sagittas in illos (hostes) distendentes jecerunt. congruentissime mox secutae sunt sagittas lanceae, dum equites nostri † irruerunt in eos.

Fragen wir nach der Stellung der drei Treffen, so gibt uns Fulcher zwar keine direkte Antwort, doch ergibt sich aus seiner Gefechtsdarstellung mit grosser Wahrscheinlichkeit, dass dieselben nicht direkt hinter einander, sondern dass zwei seitwärts-rückwärts standen. Die Ägypter, heisst es, teilten sich im ersten Treffen gabelförmig, wie ein Hirsch die Äste seines Geweihes vorstreckt, und die vorauseilenden Araber dehnten ihre Gefechtslinie aus, um das hinterste Treffen unter Gottfrieds Kommando zu umgehen.

Fulch. (362 E.): illi (sc. pagani) cum ad cuneos nostros jam appropinquassent, tanquam cervus ramos cornuum praetendens, cuneo suo anteriori facto bifurco, distensione Arabum praecurrentium explicata, machinati sunt accingere postremos, ubi † Godefridus subsequenter cum agmine denso militum posteritatem sollicitabat.

Hätten die Treffen auf einer Achse gestanden, so müsste man erwarten, dass der Feind durch dies Umgehungsmanöver zunächst den vordersten beiden Treffen in die Flanke gefallen wäre, nicht aber, dass er die Reserve umgangen hätte. Stand diese aber seitwärts-rückwärts, so erklärt sich die Umgehung derselben sehr leicht. Wenn ferner vom Fussvolk gesagt wird, es habe das Gefecht eingeleitet, dann sei alsbald die Kavallerieattacke erfolgt (S. o. Fulch. 362 F.), so ist es taktisch sehr viel wahrscheinlicher, dass die Reiterei eine gedehnte Aufstellung genommen hatte, sodass die Infanterie einer jeden Landsmann-

---

der Infanterie solche Waffengattungen gab, wird durch das Zeugnis dieser Zeitgenossen genügend erhärtet, und haben wir auch bei früheren Schlachten gesehen.

schaft vor ihrer Kavallerie stehen konnte, wie es in der Schlacht bei Antiochien der Fall war, als dass das sämmtliche, noch so unselbständige Fussvolk getrennt von der Reiterei ihrer Stämme in dichten Massen gekämpft hätte. Schon die geringe Zahl der Christen musste der feindlichen Übermacht gegenüber, deren Umgehungskünste allbekannt waren, eine möglichst gedehnte Aufstellung erforderlich machen. Unsere Vermutung wird von den Gesten vollkommen bestätigt; es wird ein rechter und ein linker »Teil« und die »Mitte« unterschieden. Rechts am Meere stand Raimund, links Gottfried, in der Mitte die übrigen fünf Führer, wie Robert der Normanne, Robert von Flandern, Tankred, Eustach und Gaston.

Gesta (162 K. 53): in sinistra † parte fuit dux Godefridus cum sua acie, comesque S. Aegidii equitavit juxta mare in dextra [1]) parte, Robertus comes Nortmanniae, comesque Flandrensis et Tancredus, comesque alii equitabant in medio.

Die mittleren Haufen haben wol neben einander gestanden, sodass die Gefechtsordnung eine sehr gedehnte gewesen zu sein scheint. Nachdem nämlich der Vorstoss Roberts v. d. N. erzählt worden ist (162 K. 53), wird fortgefahren:

»ex alia parte comes Flandrensis † invasit. Tancredus vero impetum fecit per medium tentorium eorum †

Aus der Kampfschilderung der Gesta geht ferner in Übereinstimmung mit Fulcher hervor, dass die drei Teile nicht auf einer Höhe, mithin seitwärts-rückwärts standen; und zwar wird die »Mitte« als der vorgeschobenste Teil, d. h. also als das erste Treffen bezeichnet; denn der Angriff derselben wird zuerst erzählt, wie er allein schon den Feind in die Flucht schlug; dann erst wird der Kampf des rechten Teils erwähnt, dem nur noch die Aufgabe übrig geblieben zu sein scheint, die Fliehenden niederzuhauen. Schliesslich geht es auch aus den Worten (162 K. 53):

---

1) Im Recueil steht abweichend von der Ausgabe von Bongars und den Überarbeitern der Gesta (Siehe z. B. Tudebod 114 K. 4) die falsche Lesart »sinistra« statt »dextra«.

struxerunt acies, dux instruxit suam, † comes Nortmannorum suam etc., ordinaverunt quippe pedites et sagittarios, qui praecederent milites, et sic ordinaverunt omnia †
mit genügender Deutlichkeit hervor, dass das Fussvolk einer jeden Landsmannschaft der Reiterei derselben voranging, also in enger Verbindung mit ihr kämpfte [1].

Nach alledem erscheint die Schlachtordnung als eine Treffenformation einer modernen Kavalleriedivision. Die in Gefechtsbereitschaft gesetzte Kolonne:

entwickelte sich also zu ungefähr folgender Gefechtsformation [2]:

1) Diese Ergebnisse werden zum Teil wieder durch Albert bestätigt; er redet ebenfalls von einer gedehnten Aufstellung, von einem rechten und einem linken »Teil« und im Gegensatz zu jenen von einer »frons«, unter welcher demnach die vorgeschobene Mitte verstanden werden muss. Gottfried steht ganz richtig links an den Bergen, welche die Ebene im Osten begrenzen, und zugleich in Reserve, mithin linksseitwärts-rückwärts, Raimund rechts am Meere in der Nähe der Gärten ausserhalb Askalons; er soll die Kameraden, wenn der Kampf heftig wird, unterstützen, d. h. er stand nicht im ersten Treffen. (494 A. VI, 45): acies Gallorum, sicut constitutae erant, hae in fronte, hae a dextris et sinistris, aliae ad extremum pugnaturae, bello aptantur. (495 E. VI, 43): Godefridus † qui versus montana extremas acies dirigebat † (494 B. VI, 45): comes † Reymundus a dextris versus pomaria † quae extra muros erant, aciem suam dirigebat, ut bello ingruente sociis vires et opes augeret † (495 B. VI, 47): horum (sc paganorum) pars † ad maritima contendit. ubi † Reymundus † illis occurrit, quos † in profundum maris fugientes † submergi † arctavit.

2) Die 9 »turmae« Raimunds brauchen nicht gerade mit den 6 oder 7 »acies« der Gesta in Widerspruch zu stehen, weil sich beide Begriffe nicht decken müssen, wie wir das bei Gelegenheit der Schlacht von Antiochien gesehen haben. Die »acies« der Gesta, d. h. die Mannschaft eines selbständigen Führers, wie Raimund, kann sehr wol aus 2 turmae bestehen. Wir dürften etwa vermuten, dass hier die beiden mächtigsten Fürsten, welche allein je ein Treffen bildeten, 2 turmae befehligten, wie vor Jahresfrist bei Antiochien. Indessen ist im Zweifelfalle Raimund vorzuziehen.

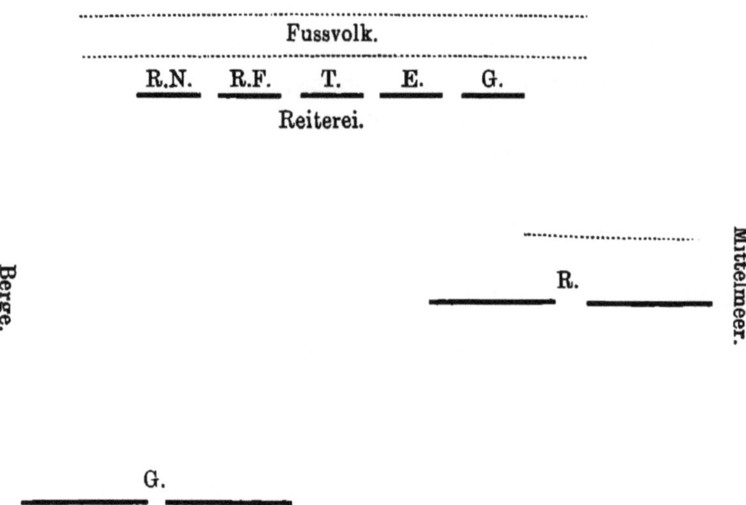

Die Grösse der landsmannschaftlichen Heerhaufen war ohne Zweifel verschieden; im Durchschnitt zählte jeder 133 Reiter und 1000 Fussgänger.

Das Schlachtfeld war ein Teil der Küstenebene zwischen Ramla und Askalon; die Front der christlichen Aufstellung war also jedenfalls nach Süden oder Süd-Westen gerichtet, sodass der rechte Flügel sich an das Meer, der linke an die die Ebene im Oesten begrenzenden Gebirge anlehnte, und der Feind stand ohne Zweifel im Norden und Nordosten der Hafenstadt und Festung Askalon, welche er zu seinen Stützpunkt gemacht hatte.

Über den Verlauf des Gefechts lässt sich nur wenig ganz Sicheres sagen. Albert, der einzige Schriftsteller, welcher ein Bild der Schlacht zu geben versucht hat, steht mit allen anderen Quellen vollkommen in Widerspruch, sodass wir seine Darstellung im Gegensatz zu Kugler (229) im Ganzen schlechterdings verwerfen müssen. Denn während er von einem wechselvollen, fast einen ganzen Tag lang hin und her schwankenden Ringen zu berichten weiss (490 C. ff.), sind unsere drei Hauptquellen darin vollkommen einig, dass der Angriff der Christen schnell und ohne Wechselfälle zum Siege führte. Bei Raimund sagen die besiegten Türken von dem Kreuzheer (305 A.):

omnem nostram multitudinem una impetu prostraverunt.

Nach Fulcher (363 A.) wurde der Feind durch den heftigen christlichen Ansturm sofort (continuo) zur Flucht gezwungen, und nach einer »kleinen Stunde« (parvae horae spatio) war der Sieg allenthalben entschieden. Und auch die Gesta lassen, wiewol die »bella« »immensa« genannt werden, die Ägypter »sogleich« bei der Attacke des ersten Treffens die Flucht ergreifen (162 K. 53).

Der Kampf war also ein kurzes, selbstverständlich äusserst heftiges Handgemenge, wie das bei dem Übergewicht der Kavallerie schon an sich kaum anders zu erwarten ist, aber noch einleuchtender wird durch die Nachricht, dass die Ägypter durch den schnellen und unerwarteten Angriff der kleinen Christenschar überrascht worden waren, sodass sie, wie es scheint, nur eben noch Zeit hatten, sich in Schlachtordnung zu stellen.

Raim. (304 G.): hostes infra castra sua demorabantur, nunquam existimantes, quod infra moenia ad adventum eorum vix contineremur [1]).

Im einzelnen mag sich das Gefecht etwa folgendermassen gestaltet haben: Bei der Annäherung beider Heere versuchten die Ägypter das christliche dritte Treffen dadurch, dass sie ihre Streitkräfte teilten und die Front ihrer leichten Truppen verlängerten, zu umgehen. Auf Steinwurfweite einander nahe gekommen (Fulch. 362 F.), begann das einleitende Gefecht des Fussvolks. Dem folgte alsbald die Kavallerieattacke des ersten Treffens der Christen, wobei natürlich das Fussvolk, um die Front frei zu machen, sich nach den Flanken und durch die Intervalle der Schwadronen zurückziehen musste. Nach kurzem hitzigen Kampfe gelangte man in den Besitz des feindlichen

1) In sagenhafter Einkleidung sagen dasselbe die Gesta (162 K. 53): stabant autem inimici dei excaecati et stupefacti ac videntes Christi milites apertis oculis nil videbant et contra Christianos erigere se non audebant.

Lagers (Fulch. 363 A. Gesta 162 K. 53). Indessen hatte das dritte Treffen unter des Königs persönlicher Führung die Umgehung vereitelt.

Das christliche Centrum scheint bereits die Entscheidung herbeigeführt zu haben. Die Hauptmasse des Feindes drängte den Toren Askalons zu, während ein anderer Teil sich, wie es scheint, auf die Schiffe retten wollte. Diesen in das Meer zu werfen oder abzuschneiden und niederzumachen, scheint die Hauptttätigkeit des zweiten Treffens ausgemacht zu haben.

VI.

Schlacht bei Ramla,

7. Sept. 1101.

(Fulch. 391. Alb 549. VII, 64. Ekk. 269).

Von den drei vorliegenden Schlachtberichten kann fast ausschliesslich nur der Fulchers für unsere Zwecke in Betracht kommen. Der Kaplan war unmittelbarer Augenzeuge. Nach seinem eigenen Zeugnis (392 F.) hielt er sich im wildesten Kampfgetümmel in der Nähe König Balduins auf. Der Schrecken des Kampfes und die Freude des Sieges liessen ihn jedoch nicht zu einer klaren und regelrechten Beschreibung der Schlacht kommen. Aus einzelnen, in der Fülle allgemeiner, zum Teil sehr leidenschaftlicher Betrachtungen, fast zufällig erscheinenden Bemerkungen müssen wir Gang und Ordnung des Gefechts herstellen. Albert, dem wir schon im allgemeinen wenig Vertrauen entgegenbringen können, steht mit seiner Darstellung dieses Kampfes mit dem unbedingt zuverlässigen Fulcher so vielfach in direktem Widerspruch, dass seine Darstellung nach unserer Ansicht im Gegensatz zu der Kuglers (302 ff.) nicht nur in den wenigen auch von diesem ausgeschiedenen Punkten, sondern nahezu in ihrem ganzen Umfange zu verwerfen ist. Ekkehards Erzählung endlich ist zu kurz und zeigt zu wenig Anschaulichkeit, als dass sie für uns eine Ausbeute liefern könnte.

Die Verhältnisse, welche diese Schlacht herbeiführten, sind denen zur Zeit der Schlacht bei Askalon ganz ähnlich. Die Ägypter waren wieder bei Askalon gelandet und bedrohten Jerusalem mit einem Angriff. In Folge dessen begab sich König Balduin I. nach Joppe und sammelte hier sämmtliche Streitkräfte seines Reiches (Fulch. 391 B.). Auf den Feldern von Ramla, wahrscheinlich nordöstlich von Askalon (Kugler 302), traf man auf den Feind. Den Christen schien nach Fulchers Urteil der Kampf inmitten einer weiten Ebene vorteilhafter als unter den Mauern der feindlichen Festung; sie stellten sich sogleich in Schlachtordnung und rückten den Ägyptern, die auch im Anmarsch begriffen waren, entgegen.

Fulch. (392 A.): melius enim erat nobis in planis vastis praeliari, ut cum superati essent, † longior eis fuga fieret, unde in fuga majus haberent detrimentum, quam si prope muros eorum cum eis congrederemur. tunc jussit rex arma sumi; et armatis cunctis acies nostrae decenter ad bellandum ordinatae sunt. itaque nos † adversus eos equitavimus, † † et ecce, gens detestanda nobis occurrens †

Die 260 Reiter zusammen mit den 900 Fussgängern — soviel zählt Fulcher, (391 C.) — waren nach dessen Zeugnis dennoch in sechs Schlachthaufen abgeteilt, sodass dieselben ungewöhnlich klein werden mussten; konnte doch jeder im Durchschnitt nur aus 43 Pferden und 150 Fussgängern bestehen.

Die Haufen standen nicht in einer Linie, sondern müssen Treffen gebildet haben; denn Fulcher redet zunächst von »zwei vorderen Haufen«, welche ins Wanken gerieten, und im Gegensatz zu diesen von einem »hinteren Teil«, der Königsschar, welche jenen zu Hülfe eilte.

Fulch. (392 E.): jamque (pagani) † quassaverant 2 anteriores acies nostros, cum huic negotio intuito festinantissime rex a parte postrema subvenit.

Später gibt Fulcher das Resultat des Kampfes als einen Sieg des »caput« und eine Niederlage der »cauda« an;

(394 A.): mirabile quidem dictu! in capite vincimus, in cauda vero superati sumus. in cauda Christiani ruunt, in capite Saracenos vincunt.

Da unter »caput« nur die »anteriores acies« verstanden sein können, so ergibt sich daraus, dass dieselben endlich doch mit Hülfe der Schar des Königs den Sieg errungen haben. Die besiegte »cauda« kann daher nicht mit der vom König geführten »postrema pars« identisch sein, sondern muss ein anderes Treffen bedeuten. Und wenn gleich darauf von einem vernichteten Heerhaufen des »rechten Flügels«, dessen Krieger »postremi« genannt werden, und von einem grossen Gemetzel unter dem Fussvolk »in postrema parte« geredet wird:

(394 E.): cum caedem de peditibus nostris in postrema parte fecissent magnam et in dextro cornu unam aciem penitus consumpsissent et anteriores sicut postremos victos esse crederent †

so folgt, dass die Treffen nicht direkt hinter einander, sondern z. T. seitwärts-rückwärts standen und dass also unter der »cauda« ein so stehendes Treffen zu verstehen ist.

Es bleibt noch übrig, die Stellung der Königschar ausfindig zu machen. Dass sie ein hinteres Treffen bildete, sagt der Ausdruck des eben citirten Satzes »postrema pars« im Gegensatz zu den »anteriores acies«; sie kann also weder mit diesen »acies«, noch auch mit dem rechten »Flügel« identisch sein — obgleich auch dieser »in postrema parte« stand — weil jene Schar des Königs siegte, diese aber vollständig besiegt wurde. Wir sehen ferner, dass jene auf einer anderen Seite gestanden hat als diese (acies in dextro cornu); denn die feindliche Schar, welche den rechten »Flügel« besiegt hatte, wusste von dem Sieg der »anteriores« und des Königs durchaus nichts, meinte vielmehr, dieselben seien auch geschlagen (Fulch. 394 D.). Da nun einem rechten auch ein linker »Flügel« entsprochen haben muss, so ist kaum ein anderer Schluss gerechtfertigt, als dass die Abteilung des Königs das linksseitwärts stehende Treffen gebildet habe.

Ob beide Teile auf einer Höhe gestanden haben, wird zwar nicht direkt gesagt, doch wird es kaum einem Zweifel unterliegen, dass das Treffen des Oberbefehlshabers, ebenso wie in den früheren Schlachten, das dritte Treffen, d. h. die Reserve bildete, mithin weiter als der »rechte Flügel« zurückstand; auch wird von ihr gesagt, dass sie dort ins Gefecht eingriff, wo immer der Feind im Vorteil war, dass sie also Aufgaben erfüllte, welche einer Reserve oblagen.

Jedes der drei Treffen scheint aus zwei Haufen bestanden zu haben. Die Worte: »quassaverant 2 anteriores acies nostras« zeigen, dass sich im Vordertreffen nur zwei Haufen befunden haben; sonst müsste man wol »nostrorum« erwarten. Wäre dies auch nicht der Fall, so könnten es doch höchstens nur drei »acies« gewesen sein, denn der rechte »Flügel« bestand zum mindesten aus zwei Haufen, wie die Worte:

in dextro cornu unam aciem penitus consumpsissent

schliessen lassen; und wenigstens eine acies muss dann doch noch für den linken »Flügel« übrig bleiben. Nun ist es aber durchaus wahrscheinlich, dass sich dieses Treffen aus zwei Haufen zusammengesetzt hat, weil die vom König geführte Reserve nicht schwächer als die übrigen Treffen, sondern eher stärker zu sein pflegte. Eine Bestätigung gewinnen wir noch aus dem gewaltigen Erfolg der Attacke des Königs, welche die schon halb entrissene Schlacht doch noch wiederherstellte [1]).

Dass das Fussvolk »in postrema parte« Stellung hatte, erklärt sich gemäss unserer früher ausgesprochenen Ansicht so, dass sich dasselbe vor der Kavallerieattacke hinter die Front der Reiterei zurückgezogen hatte [2]).

---

1) Albert gibt dem König in einem auch sonst richtigen Satze ausdrücklich zwei Haufen: (549 B) rex tam grave exterminium suorum fieri videns, vehementer cum duabus aciebus, quae secum remanserant, timore concussus est.

2) Alberts Darstellung weist zwar in den Hauptzügen einen ähnlichen Verlauf des Gefechts auf, wie die Fulchers: drei Haufen wurden vernichtet, da führte der König durch sein Eingreifen mit zwei Haufen den Sieg herbei. Doch hat er, abgesehen von vielen ganz phantastischen

Alles Gesagte weist auf dieselbe Treffenformation hin, welche wir in der vorhergehenden Schlacht kennen gelernt haben. Die gefechtsbereite Kolonne, welche vielleicht so

1 2

3 4

5 6

geordnet war, entwickelte sich zu folgender Gefechtsordnung:

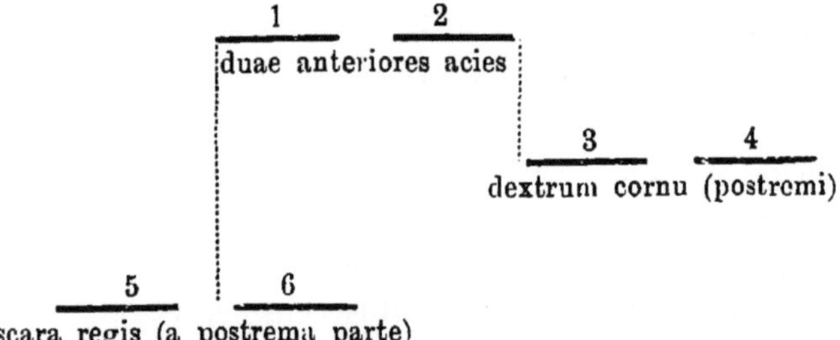

Die Grundzüge des Gefechts sind etwa folgende: Anmarsch in Gefechtsformation gegen das Ägyptische Lager in der Ebene zwischen Joppe, Ramla und Askalon; im Rücken der Ägypter die Festung Askalon; im Rücken der Christen Joppe; Umgehung des ersten und zweiten Treffens durch den vorbereiteten, an Zahl weit überlegenen Feind; stürmischer Einbruch der christlichen Schlachthaufen in die dichten Massen desselben; hitziges

Einzelheiten und davon, dass er nur fünf Haufen zählt, offenbar eine falsche Vorstellung von der Gefechtsstellung; er redet von einer prima, einer secunda, einer tertia, einer quarta und einer quinta acies, während er von einem »cornu« schweigt. Dies würde wohl auf eine Ordnung hindeuten, in welcher alle Treffen direkt hinter einander stehen, also auf eine Kolonnenformation für den Marsch, nicht aber auf eine Gefechtsordnung. Trotzdem glaubt Kugler (305) beide Berichte — sogar mit Beibehaltung der phantastischen Details — mit einander verbinden zu können und gelangt so zu dem Resultat, dass die kleine Schar in sechs Treffen geteilt war, die, wie ihm scheint, wenn nicht sämmtlich, so doch der Mehrzahl nach hintereinander gereiht, in den Kampf zogen; an der Spitze des fünften Haufens habe der König gestanden.

Handgemenge, wogendes Getümmel, »sodass kaum einer den anderen sehen oder erkennen konnte«; Zurückweichen des christlichen Vordertreffens, Vernichtung eines Schlachthaufens im zweiten Treffen und Gemetzel unter dem Fussvolk im Rücken der Reiterei durch eine Abteilung von ca. 500 Arabern; Eingriff der Reserve unter des Königs Führung in den Kampf der ersten Scharen und entscheidender Sieg derselben; Verfolgung der Hauptmasse des Feindes durch die Krieger des ersten und dritten Treffens bis nach Askalon hin und Verfolgung der Besiegten des zweiten Treffens durch die 500 Araber in der Richtung auf Joppe; Rückkehr der Christen nach dem eroberten Zeltlager der Ägypter.

Ein langes Schwanken der Schlacht hatte nicht stattgefunden; die Ägypter waren schon bald geflohen; nach einer knappen Stunde war der Sieg entschieden[1]).

Fulch. (393 D.): certamen † non diu fuit anceps. illi (pagani) enim tempestive fugerunt ††† (393 A.) videretis utique horae spatio modico multas utrimque equo sessoribus vacuos.

Die Reiterei hatte 80 Mann Verlust, der des Fussvolks war noch bedeutender.

Fulch. (393 C.): de nostris vero militibus 80 perdidimus, de peditibus vero amplius †

---

1) Nach Albert dagegen kämpfte man bei allmähliger Abzehrung der Kräfte bis zum Abend (540 F. VII. 67): »inauditam illorum (paganorum) occisionem facientes usque ad vesperum, donec hinc et hinc fatigati utrinque se a bello continuerunt.«

VI.

Schlacht bei Marsivan,[1]

Sommer 1101.

(Alb. 568. VIII, 15.)

Die Schlacht bei Marsivan, der Entscheidungskampf des Kreuzzugs von 1101, wird ausführlicher nur von Albert erzählt. Seine Darstellung soll nach Kugler (320) in vielen Einzelheiten glaubwürdig sein. Wie weit das richtig ist, mag dahingestellt bleiben; die Schilderung des Kampfes erweckt jedenfalls nicht viel Vertrauen; sie ist nicht nur, wie Kugler selbst zugiebt, in sehr erregtem Tone, sondern auch in durchaus dichterischer Weise geschrieben: von den fünf Scharen greift eine nach der andern in das Gefecht ein, die nächstfolgende jedoch immer erst dann, wenn die vorhergehende geflohen und ins Lager gelangt ist (568 D. VIII, 15). Denselben Charakter trägt die sich anschliessende Erzählung von Raimunds Befreiung aus der Gewalt der Feinde und schliesslich auch die Schilderung der Mahlzeit im Lager (570 A. VIII, 17). Trotzdem verdient das, was über die Gefechtsaufstellung gesagt ist, unsere Beachtung, weil es sich in das Schema unserer früher behandelten Schlachtordnungen ganz ungezwungen, geradezu von selbst einfügt und dadurch einige Glaubwürdigkeit erhält. Von den fünf nach Stämmen gesonderten Scharen, sagt Albert, wurden die Lombarden »in prima fronte«, die anderen aber »a dextris« und »a sinistris« aufgestellt:

> (568 g.): aciebus † sic ordinatis Longobardi in fronte constituti sunt † ut adversus Turcorum acies, quae illis vicinae erant, fixae et impenetrabiles facie ad faciem obstantes, eas oppugnaret. deinde singulae acies Christianorum usquequaque a dextris et sinistris positae singulis gentilium

1) So der Ort der Schlacht bei Kugler (320).

aciebus obstabant † †. Longobardi igitur, qui in prima fronte constituti erant, graviter et diu cum Turcis commisere praelium †

Da die »Teile rechts und links« in einen Gegensatz zu »(prima) frons« gesetzt werden, so würden sie eine zurückgezogene Stellung eingenommen, d. h. sie würden rechts und links von der »frons« seitwärts-rückwärts stehende Abteilungen gebildet haben. Ob der eine von ihnen weiter zurückstand als der andere, geht allerdings hieraus nicht hervor; doch würde es die Analogie mit den früheren Schlachten wahrscheinlich machen.

Da nach Albert in einem jeden der »rechts und links stehenden Teile« mehrere »acies« sich befanden, so müsste das erste Treffen aus einem, die beiden anderen aus zwei Haufen bestanden haben, wie die Figur zeigt:

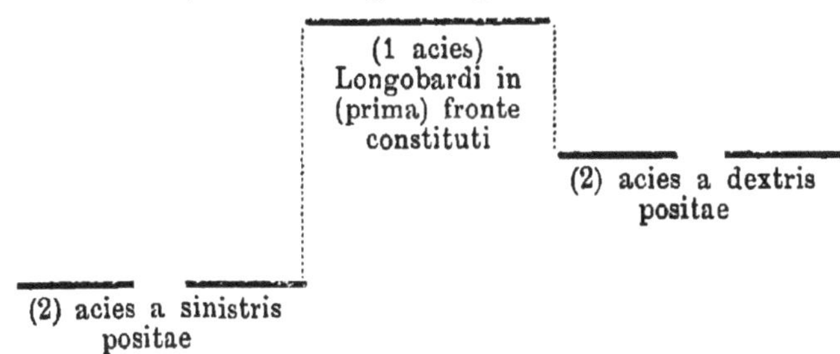

VII.

Kavallerieattacke Balduins I. bei Ramla,

Mai 1102.

(Fulch. 400. Alb. 592. IX, 3.)

Im Frühjahr 1102 erneuerten die Ägypter ihren Angriff auf das junge christliche Königreich und drangen wieder wie im vorigen Jahre von Askalon verwüstend gegen Ramla vor (Fulch. 394 B.). König Balduin, der sich damals in Joppe aufhielt, glaubte den Feind, dessen Stärke er weit unterschätzte — er hatte, nach Fulcher, 700 bis 1000 Mann erwartet, während es 3000 gewesen wären —, durch einen schnellen, überraschenden Angriff zurückwerfen und Ramla retten zu können. Sofort sass er mit 200 Rittern zu Pferde, zum Teil vornehmen Kreuzfahrern, welche in Joppe einen günstigen Wind zur Heimreise erwartet hatten, und ritt in tollkühner Hast, ohne Ordnung und ohne das Fussvolk abzuwarten, den Feinden auf den Feldern von Ramla entgegen. Die Menge derselben erschreckte ihn zwar, doch brach er kühn in ihre Massen mit wuchtigem Stoss ein. Sogleich aber hatte die Überzahl die kleine Schar umschlossen und nach einer »sehr kleinen Stunde« zum grössten Teil aufgerieben (Fulch. 400 C.).

Von einer Gefechtsordnung der Reiter erfahren wir zwar nichts, doch ist es für uns von Interesse, dass die Niederlage nach dem sachkundigen Urteil Fulchers auf das ungeordnete Vorstürmen und auf das Fehlen des Fussvolks zurückgeführt wird:

> (400 C.): immodestiam regis magna fuit, qui gentem suam exspectare neglexit, nec ordinate, sicut oportet, sapienter ire, ad bellum processit . sed absque peditibus † acceleravit hostes appetere †

ein Beweis, wie notwendig einem damaligen Heere eine feste Taktik war und wie sehr die Bedeutung der Infanterie seit dem Februar 1098 gestiegen ist: damals als untauglich von der Feldschlacht ausgeschlossen, ist sie jetzt nach vier Jahren unentbehrlich geworden[1]).

---

1) Albert weicht in mehreren wesentlichen Punkten von Fulcher ab, indem er das christliche Heer 700 Mann stark sein und direkt von Jerusalem anstatt von Joppe herbeikommen lässt (vgl. Kugler 326).

VIII.

Ausfall aus Joppe,

Sommer 1102.

(Fulch. 404.)

Bald nach ihrem Siege bei Ramla waren die Ägypter gegen Joppe gezogen. Eben schickten sie sich an, die Stadt zu belagern, als König Balduin mit den neuen Truppen aus dem Reiche, welche er inzwischen an sich gezogen hatte, einen energischen Ausfall wagte. Sein Heer war wieder klein. Eine Gesammtzahl nennt zwar unser Gewährsmann nicht, doch gibt er das Kontingent von Jerusalem auf 90 und das von Tiberias auf 80 Reiter an. Hierzu sind jedenfalls noch die Berittenen, die sich in Joppe schon vorher befanden, vielleicht auch noch kleinere, von Fulcher nicht erwähnte Zuzüge zu rechnen. Wir werden daher das Heer auf mindestens 200 Reiter zu veranschlagen haben[1]) (Fulch. 404 B. 403 F.). Über die Stärke des Fussvolks erfahren wir nichts.

Auch die Beschreibung des Gefechts ist überaus lückenhaft. Nach beiderseitigem Anmarsch in der Ebene von Joppe wurden die Christen von der Übermacht der Mohammedaner vollkommen umgangen (Fulch. 404 D.). Trotzdem vermochten sie sich in dieser äusserst schwierigen Lage dadurch zu behaupten, dass sie, offenbar in Folge ihrer guten Gliederung, ihre Hauptkraft immer auf den meistbedrohten Punkt richten konnten.

Fulch. (404 E.): ubi turmam densiorem et fortiorem viderunt, impetu mirabili ferire non distulerunt.

Während die Reiterei auf einer Seite die Umklammerung durchbrach, hatte der Feind das Fussvolk da, wo es nicht mehr unter dem Schutze der Kavallerie stand, angegriffen und die »extremi« getötet.

---

1) Delpech (II, 191) zählt nur 90 + 80 = 170 Reiter.

Fulch. (404 F.): qui cum in una parte fortiter pugnando eos penetrassent, illico alliorsum eos recurrere necesse fuit, quoniam, ubi pedites nostros absque protectione militum videbant, illuc statim festinans extremos occidebant.

Die Infanterie verteidigte sich jedoch, namentlich, wie es scheint, durch ihre Bogensalven, tapfer und erfolgreich, bis die siegreichen Reiter zurückeilend ihr zu Hülfe kamen. Als auch schon das feindliche Lager genommen war, wurde die Flucht des ägyptischen Heeres allgemein.

Fulch. (404 F.): pedites tamen nostri non ignavi pluviam sagittarum invadentibus se tantam jaciebant, ut in visibus eorum et peltis multas infixas videretis . itaque cum a peditibus sagittariis vehementer essent repulsi, et a lanceis militaribus multi sauciati, et de papilionibus suis jam privati † Francorum obtutibus dorsa fugientes verterunt.

Delpech (II, 192) sieht in diesem Gefecht den Anfang einer neuen Karreetaktik. Die Kavallerie soll die Infanterie in die Mitte genommen, fortwährend umritten und durch Attacken da, wo es am nötigsten gewesen sei, beschützt haben. Wir können diese Anschauung nur als eine leere Vermutung ansehen, da die sehr dürftigen Worte der einzigen Quelle nach unserer Ansicht keinen genügenden Aufschluss über die Gefechtsordnung geben. Ausserdem scheint uns die Thatsache, dass das ägyptische Lager schon erobert war, ehe die allgemeine Flucht erfolgte, doch sehr wenig für diese Defensivstellung zu sprechen. Nur soviel glauben wir mit Sicherheit über die Schlachtordnung sagen zu können, dass während des Kampfes das Fussvolk hinter der Front der Reiterei gestanden hat; denn einmal kämpfte es nur ausnahmsweise nicht unter dem Schutze derselben, zweitens mussten die Reiterhaufen, welche ihm zu Hülfe kamen, zurückeilen. Wir haben daher auch keine Veranlassung, mit dieser Schlacht eine neue Periode in der Geschichte der Infanterietaktik zu beginnen, wie es Delpech (II, 191) tut. Das wenige, was wir überhaupt von ihr hören, tritt durchaus nicht als etwas Neues auf. Die Infanterie kämpfte noch im Rücken und im Schutze der Reiterei, war also immer noch sehr unselbstständig; wenn auch zuzugeben ist, dass man aus dieser wie aus der vorhergehenden Schlacht desselben Jahres ihre steigende Wichtigkeit erkennen kann: das Fussvolk war wenigstens eine Zeitlang allein im Stande, feindliche Abteilungen in Schach zu halten.

IX.

Schlacht bei Harran,

1104.

(Rad. 710. Alb. IX,39. Matthäus v. Edessa, Rec. Doc. Arm. I,71.)

Die Angaben der Schriftsteller über diese Schlacht weichen sehr stark von einander ab, was um so misslicher ist, als keiner von ihnen Augenzeuge war. Die Unzuverlässigkeit Alberts uud Radulfs ist bekannt; aber auch Matthäus von Edessa können wir keineswegs mit Kugler (337) als einen klassischen Zeugen und sicheren Führer anerkennen. Sagt doch dieser Forscher an einer anderen Stelle (370) selbst, für die Würdigung der Pläne und Taten Balduins von Burg und Joscelins sei Matthäus ein sehr verdächtiger Gewährsmann; er verfolge bekanntlich das stolze fränkische Herrenvolk mit bitterem Hasse, erzähle namentlich von den beiden edessenischen Grafen, wenn er auch Joscelins Heldenmut ein paarmal nachdrücklich preise, zahlreiche Schlechtigkeiten; seine Glaubwürdigkeit werde noch ernstlicher dadurch in Frage gestellt, dass er den Fürsten Tankred überschwänglich lobe. Auf kein Stück seiner Geschichte passt diese Kritik besser als auf unsere Gefechtsdarstellung. Die Grafen von Edessa, Balduin und Joscelin, sollen in ihrem Übermut Boemund und Tankred eine ganz entfernte Stellung angewiesen haben, indem sie bei sich gesagt hätten: »Wir werden zuerst die Ungläubigen angreifen und werden allein (!) die Ehre des Sieges haben«; darauf habe sich ein blutiger Kampf zwischen Balduin, Joscelin und den Türken entsponnen, in welchem jene geschlagen und gefangen genommen worden seien; das Blut sei in Strömen geflossen und über 30000 (!) Christen seien gefallen. Die beiden Normannen scheinen nach Matthäus gar nicht zum Schlagen gekommen zu sein; er sagt wenigstens von denselben nur, ihnen und ihren Mannen sei nichts Böses zugestossen und sie hätten sich dann mit ihren »sehr tapfern Kriegern« nach Edessa geworfen[1]). Dies alles trägt offenbar den Stempel der Übertreibung und Sage an sich. Wollten wir aber doch diesem Berichte folgen, so könnte man immer noch nicht mit Kugler ohne weiteres von hintereinander stehenden Haufen reden; ebensowenig davon, dass Boemund und Tankred für eine kurze Zeit das Gefecht wieder hergestellt, aber das Schlachtfeld nicht zu behaupten vermocht hätten. Alberts Schlachtbericht steht mit dem des Matthäus zum Teil in schneidendem Gegensatz. Das in zwanzig Haufen gegliederte Christenheer nimmt nach ihm eine gedehnte Aufstellung, sodass die Normannen Boemund und Tankred die rechte, die Edessener Balduin und Joscelin die linke »Seite« bilden. Beide Teile sind eine Millie von einander entfernt. Kaum ist die Gefechtsordnung hergestellt, als der Feind die rechte Seite angreift, jedoch mit ungünstigem Erfolg. Als die beiden anderen Fürsten dies sehen, suchen sie sich durch die ihnen entgegenstehenden Feinde hindurch zu schlagen, um sich mit Boemund und Tankred zu ver-

1) Von den arabischen Quellen erwähne ich nur Ibn-Alatyr, der den Fluss Balykh als Ort der Schlacht nennt und die Zweiteilung des christlichen Heeres auch angiebt. Der eine Teil sei nach einer verstellten Flucht der Moslims, von denen Corman 7000 Turcomannen, Djekermisch 3000 Türken, Araber und Kurden führten (alle beritten), völlig geschlagen worden; Boemund und Tankred hätten sich hinter einem Berg im Hinterhalt gelagert und, als sie hervorgebrochen wären, die Flucht der ihren bemerkt. Sie hätten die Nacht zur Flucht benutzt, seien aber meist den verfolgenden Moslims zum Opfer gefallen; nur die beiden Führer mit 7 Rittern wären entkommen. Auch der Gefangennehmung Balduins bei dem Überschreiten des Balykh gedenkt dieser Schriftsteller. Rec., Hist. Orient. I. 221 f.

einigen. Dies gelingt nicht, sie müssen fliehen und geraten in Gefangenschaft. Der inzwischen siegreich zurückkehrende Tankred sucht dem Feind die Gefangenen abzujagen; der Feind ist jedoch schon abgezogen; so wird nur der Erzbischof Benedict mit einigen anderen Rittern befreit. Radulf steht ebenfalls mit Matthäus in starkem Widerspruch, während er sich Albert nähert. Die Christen marschirten, erzählt er, in drei Abteilungen, sodass Boemund rechts, Balduin links und Tankred in der Mitte war; Joscelin wird nicht genannt. Als sie eben das Lager in dieser Ordnung aufzuschlagen bemüht sind, werden Boemund und Balduin plötzlich von den Türken angegriffen, geschlagen und gefangen genommen. Tankred aber, welcher kampfbereit ist, kommt erst nach der Entscheidung ins Gefecht und entreisst den Erzbischof Benedict den Händen des abziehenden Feindes.

In diesem Gewirre ganz verschiedener Überlieferungen scheint uns nur dasjenige einigen Anspruch auf Glaubwürdigkeit machen zu können, was übereinstimmend berichtet wird. Allen Berichten liegt die gemeinsame Anschauung zu Grunde, dass die Abteilungen zur Zeit der Schlacht so weit von einander entfernt waren, dass die einen den anderen keine Hülfe bringen konnten. Im Einklang hiermit sagen ferner alle Quellen, dass ein Teil vollständig geschlagen worden sei, ein anderer Teil von keinem Unfall in der Schlacht betroffen wurde, sei es, dass er siegte, sei es, dass er sich an dem Kampfe nicht beteiligte. Zu jenem wird Balduin, zu diesem Tankred gerechnet; über Boemund und Joscelin schwanken dagegen die Angaben.

Über alles andere gehen die Erzählungen so sehr auseinander, dass eine Herstellung des Gefechtes wol kaum versucht werden darf. Nur sei noch daran erinnert, dass Radulf und Albert übereinstimmend von einer gedehnten Aufstellung reden und dass Matthäus dem nicht widerspricht; ferner dass nach den erstgenannten Quellen die »rechte Seite« zuerst angegriffen wird, und dass die entgegengesetzte Darstellung des Matthäus leicht durch das Faktum der vollständigen Besiegung und Gefangennahme Balduins veranlasst sein kann. Sollten wir endlich einer alleinstehenden Erzählung den Vorzug geben, so würden wir uns im Gegensatz zu Kugler (337) für die Grundanschauung Radulfs entscheiden müssen, weil sie mit dem oben aus der Übereinstimmung aller Quellen ermittelten am besten im Einklang steht und auch an sich die meiste Wahrscheinlichkeit zu haben scheint. Nicht von einer Gefechtsordnung und einer regelrechten Schlacht, sondern von einem Überfall eines auf dem Marsch und beim Lageraufschlagen begriffenen, daher zum grössten Teil unvorbereiteten und weit auseinandergezogenen Heeres ist hier die Rede.

X.

Schlacht bei Ramla,

27. August 1105.

(Fulch. 411. Alb. IX, 48.)

Im Januar 1105 nahmen die Ägypter einen neuen Anlauf gegen die nahen christlichen Besitzungen. Während ihre Flotte Joppe bedrängen sollte, rückte das Landheer von Askalon gegen Ramla heran. Um dem doppelten Angriff zu begegnen, bot König Balduin sämmtliche Streitkräfte seines Reiches auf, schützte Joppe durch eine Besatzung und warf sich mit dem Gros seiner Armee auf den bei Ramla lagernden Feind.

Wiewol Fulcher die Zeit des Kampfes in Processionen und mit Gebet in Jerusalem zubrachte (Fulch. 413 A.), ist er doch wieder unsere Hauptquelle. Alberts Schilderung wird von ihm so vielfach bestätigt und ist im ganzen so nüchtern, dass sie mehr Vertrauen als sonst zu erwecken geeignet ist. Zwar finden sich auch in ihr wieder Ungenauigkeiten, namentlich sind die Gesammtzahlen der Heere zu gross (vgl. Kugler 339), aber andererseits stimmt die Angabe, dass 150 »pedites« aus Jerusalem ausgezogen seien (IX, 49) insofern mit Fulcher überein (412 G.), als auch dieser ebensoviele Bewohner

Jerusalems ausrücken lässt, unter denen allerdings auch nichtritterliche »equites« genannt werden. Ausserdem zeigt die Darstellung Alberts eine genaue Lokalkenntnis, sodass z. B. als Ort der Schlacht Ibelim bezeichnet wird, eine wol nicht zu bezweifelnde Angabe, da dieser Ort an der von Askalon nach Ramla führenden Strasse liegt und nicht weit von letzterem entfernt ist.

Alles, was Waffen tragen konnte, sammelte sich in oder bei Joppe: 500 Ritter, 2000 Fussgänger und ausserdem eine Anzahl Reiter »ohne ritterlichen Namen« (Fulch. 413 C.). An einem Augustmorgen brach der König gegen die auf den Feldern von Ramla etwa vier Millien von der Stadt lagernden Feinde auf. Er wollte sie durch eine kräftige Offensive zurückwerfen. Sie behielten noch Zeit sich in Gefechtsbereitschaft zu setzen (Fulch. 413 D.) Von der christlichen Aufstellung sagt Fulcher nur, man habe die Haufen von Reitern und Fussgängern ordnungsmässig aufgestellt:

(413 D.): ordinatis, ut decuit, catervis de militibus et peditibus †

Zur Ergänzung kann wol unbedenklich die Angabe Alberts, die Zahl der Schlachthaufen sei fünf gewesen und in dem hintersten habe der König mit 160 Reitern gestanden, herangezogen werden; denn der hier in Betracht kommende Satz:

(IX, 49): rex 5 (acies) ex equitibus et peditibus ordinavit ad committenda praelia cum hostibus; ipse vero rex in extrema acie inter equites ad corroborandos † suos mansit . pauci equidem equites numero scilicet 160 circumsteterunt illum †

macht sowol wegen seines nüchternen Tons als auch wegen seiner indirekten Übereinstimmung mit Fulcher und mit unseren sonstigen Ergebnissen den Eindruck schlichter Wahrheit. Bestand die gesammte Kavallerie aus 500 Rittern und einer Anzahl nichtritterlicher Reiter, von denen 150 allein aus Jerusalem gekommen waren, so würde jeder der fünf Haufen durchschnittlich 130 Pferde stark gewesen sein. Wir müssen jedoch jedenfalls zu diesem noch eine kleine Anzahl nichtritterlicher

Reiter aus anderen Orten hinzuzählen; dann erscheint die bestimmte Zahl von 160 Reitern in der Reserve durchaus glaubwürdig. Die zweite Behauptung, Balduin habe in »extrema acie« gestanden, wird durch die Tatsache, dass, soweit wir davon wissen, in allen anderen Schlachten dieser Periode der König das letzte Treffen geführt hat, wesentlich bekräftigt; somit haben wir wol auch keine Veranlassung, die ebenfalls häufig vorkommende Fünfzahl der Haufen zu bezweifeln.

Die Stellung der Scharen ergibt sich mit Wahrscheinlichkeit aus der Darstellung des Kampfes selbst. Die Christen wurden, heisst es bei Fulcher, bei ihrem Einbruch in die feindlichen Massen ganz umfasst. Bogenschützen fielen ihnen (retro girantes) in den Rücken und drangen nach Abgabe ihrer Salven schon mit dem Schwert auf sie ein, als der König hiervon benachrichtigt den Bedrängten (oppressi) mit einer kleinen Schar zu Hülfe eilte, die Feinde zersprengte, dann wieder dahin zurückritt (recurrit), wo die grössere Masse der Sarazenen und Araber war, und dieselben zur Flucht zwang.

Fulch. (413 F.): factoque utrinque impetu exclamaverunt nostri omnes contra eos † †. Illi autem circumvallantes nos conquassare et confundere putaverunt penitus. Turci autem ex more sagittarii nos retro girantes et sagittarum pluvia plagantes jam arcuum officia dimiserant, jam vaginis enses traxerant, quibus nos cominus feriebant, cum rex hoc comperto † cum paucis illuc celerrime currens, oppressis succurrere sategit, qui cum statim † Turcos dispersisset, ad majorem multitudinem Saracenorum et Arabum † recurrit. † (perfidi) dederunt fugam repentinam †

Alberts Nachricht von der Reservestellung des Königs wird indirekt durch Fulcher bestätigt. Denn da Balduin zu den »oppressi« hin und dann wieder zu der »major multitudo« der Türken zurückeilte, liegt die Annahme nahe, dass der König weiter als die »oppressi« zurückgestanden habe. Wenn wir dies als richtig voraussetzen, so folgt, dass die »oppressi« nicht direkt vor den Königstruppen gestanden haben können; denn sonst wären die »retro girantes« nicht jenen, sondern diesen in den Rücken gefallen; ja die Worte, der König sei nach Befreiung der »oppressi« zu der grösseren Menge der Feinde zurückgeeilt, führen zu der Vorstellung, dass Balduin ursprünglich da gestanden habe, wo jetzt die grosse Menge des Feindes war, dass somit die »oppressi« und die Königsschar in der ursprünglichen Ordnung eine weit von einander entfernte Stellung hatten. Demnach wird diese ihren Platz seitwärts-rückwärts von jenen gehabt haben. Die vom Feinde umgangenen Haufen würden also seitwärts stehende Treffen gewesen sein. Dies würde uns wieder auf diejenige Gefechtsordnung führen, welche wir in den vorhergehenden Schlachten kennen gelernt haben. Wir denken uns demnach die Ordnung etwa so:

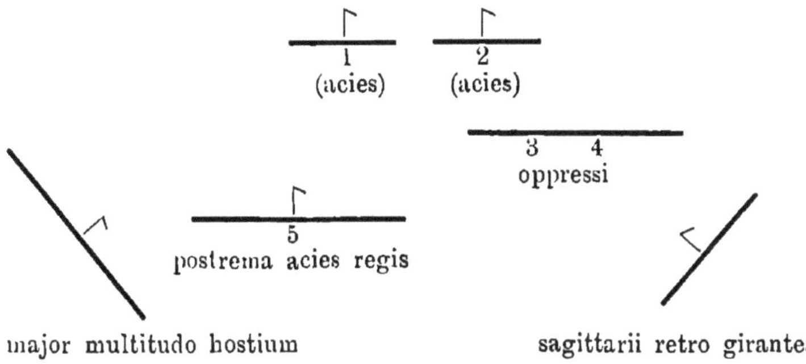

Wenn auch unsere Beweisführung bei der Dürftigkeit der Quellenangaben nicht durchaus zwingend ist, so scheint sich doch die angegebene Gefechtsordnung als das Nächstliegendste und Wahrscheinlichste darzubieten.

Die erkennbaren Momente des Gefechts sind: Umgehung der Christen durch die Mohammedaner, während jene zum Angriff vorgehen; Bedrängung eines christlichen Heeresteils im Rücken durch feindliche Bogenschützen; Bekämpfung eines anderen Heeresteils (wahrscheinlich der Reserve) durch eine grössere Schar von Sarazenen und Arabern; Befreiung jener Abteilung durch eine kleine Schar unter Führung des Königs; Rückkehr desselben zu der »grösseren feindlichen Masse«; plötzliche Flucht der Orientalen.

Die christliche Kavallerie war ungefähr 700, die Infanterie 2000 Mann stark: Verhältnis etwa wie 1 : 3. Die feindliche Truppenzahl wird, gewiss übertrieben, auf 15000, ihr Verlust auf 4000, d. h. auf 26 Prozent, angegeben. Die Christen verloren 60 Mann, also 2 Prozent.

Von der Infanterie ist nur gesagt, dass sie 2000 Mann stark gewesen sei. Dies genügt für Delpech (II, 194), um dieses Gefecht als Beweis für die angebliche Entwickelung einer neuen Taktik, bei der sich Kavallerie mit der seit 1101 hervortretenden »Linieninfanterie« eng verbunden haben soll, anzuführen; denn — sagt er — »il faut donc bien que la poignée de cavaliers chrétiens qui avait soutenu leur choc sans se lasser, ait été fort habilement soutenue par ses 2000 fantassins.« Mit solchen Worten wird aber nicht das Geringste bewiesen; sie liessen sich auch auf fast jede der früheren Schlachten anwenden.

XI.

Die Schlachten bei Sarmin, Athareb und Hab.

Bald gegen den Sultan von Kairo, bald gegen den von Bagdad hatte die kleine Zahl christlicher Ansiedler im Orient immer aufs neue, sei es angriffs- sei es verteidigungsweise, ihre Waffen zu wenden. Die Schlachten von Sarmin, Athareb und Hab versetzen uns in den grossen Krieg gegen Mohammed von Bagdad, dessen Schauplatz Syrien, vorzugsweise die Landstriche um Antiochien, waren. Ein Einfall Balduins ins Damascenische Gebiet hatte den Emir Maudud von Mosul veranlasst, in diese Gegend zu kommen und dem König im Jahre 1113 eine schwere Niederlage am See Tiberias beizubringen. Bald darauf war jener zwar gestorben und Waffenruhe eingetreten, aber 1115 bewog die wankende Treue der Emire von Halep und Damaskus — dieser war sogar in einen Bund mit Roger, dem Fürsten von Antiochien getreten — den Sultan aufs neue, den Emir Il-Ghazi von Maridin und seinen Feldherrn Boursk gegen die christlichen Grenzen zu senden. Letzterer wurde, als er sich gegen Antiochien wandte, bei Sarmin von Roger überfallen und geschlagen. Vier Jahre nachher wiederholte Il-Ghazi von Maridin seinen Angriff mit besserem Erfolg. Er brachte dem Fürsten von Antiochien bei Athareb eine so schwere Niederlage bei, dass sich die Stadt von diesem Schlage niemals wieder hat erholen können, wenn auch ihre Eroberung durch die Ankunft Balduins von Jerusalem und seinen Sieg bei Hab verhindert wurde.

Über diese Antiochenischen Kämpfe besitzen wir eine durchaus zuverlässige Spezialschrift von Gautier, dem »cancellarius« des Fürsten Roger[1]). Was man von einem Mann in seiner Stellung von vornherein erwarten kann, genaue Kenntnis der Begebenheiten, rechtfertigt seine Darstellung. Als Augenzeuge und Teilnehmer der beiden Feldzüge seines Herrn schreibt er anschaulich, nüchtern und ausführlich, das Kleine zuweilen mehr als das Grosse berücksichtigend[2]). Selbst das oft reichliche theologische Beiwerk tut der Wahrhaftigkeit des Schriftstellers kaum merklichen Eintrag. Er will die Kriegstaten seines Herrn erzählen und zeigt für kriegerische Dinge offenbares Interesse. Freilich ist die Stimmung in den beiden Teilen seines Werkes sehr verschieden: dort jubelnde Freude, hier schmerzlichste Trauer; hat er doch in dem ersten einen glänzenden Sieg, in dem anderen eine entsetzliche Niederlage, den Tod seines Fürsten und die grausame Behandlung der Gefangenen, unter denen er sich selbst befand, zu erzählen. Den Feldzug König Balduins

---

1) Neu gedruckt von H. Prutz, Quellenbeiträge zur Geschichte der Kreuzzüge. I. 1876.

2) Prutz, S. X.

und seines Sieges bei Hab hat er freilich nicht aus eigener Anschauung, eben seiner Gefangenschaft in Aleppo wegen, berichten können; doch bürgt die geringe Zwischenzeit zwischen dem Ereignis und der Berichterstattung, die Leichtigkeit, mit welcher der Schriftsteller jedenfalls Nachrichten einziehen konnte, und vor allem die nüchterne Klarheit und die sehr ins Einzelne gehende Ausführlichkeit der Darstellung auch für die Glaubwürdigkeit dieses Abschnittes[1]).

Die Erzählung dieser Kriege durch Wilhelm von Tyrus ist nur eine Überarbeitung Gautiers und zwar eine so ungenaue und fehlerhafte, dass wir ohne Kenntnis des Originals von den drei Schlachten eine ganz unrichtige Vorstellung bekommen würden. Sie ist durchweg unbrauchbar.

1. Überfall bei Sarmin,

14. September 1115.

(Gaut. 15.)

Boursk, der im Jahre 1115 einen Vorstoss auf Antiochien von Süden her durch das Orontestal versucht hatte, war durch die Ankunft Balduins beim Antiochenischen Heere zum eiligen Rückzug veranlasst worden, erschien jedoch nach der Trennung des Kreuzheeres alsbald wieder im Orontesgebiet, zerstörte Kafertab, verwüstete die umliegenden Distrikte und begab sich endlich nach Marra, um von hier aus Zardana zu berennen. Das Heer der Antiochener versammelte sich hiergegen bei Rubea, schlug südwestlich bei Hab ein Lager, um dann weiter südlich zu den Quellen im Tale von Sarmin zu marschiren. Als die ausgesandten Recognoscirungen die Kunde brachten, der Feind sei gerade an diesem Orte mit dem Aufschlagen eines Zeltlagers beschäftigt, beschloss man ihn zu überraschen.

Er verweilte, wie Gautier sagt, in und ausser den Zelten und hatte sich nach Kameleddin (bei Röhricht II, 248) ohne

---

1) Vgl. Prutz, S. XVII.

Ordnung und ohne alle Vorsichtsmassregeln in der Ebene zerstreut. Als man auf ihn stiess, hatte jedoch ein grosser Teil des Heeres, wahrscheinlich erst auf die Nachricht von dem Anmarsch der Gegner, eine Höhe besetzt (Gaut. 16. 17), welche offenbar das Tal auf einer Seite begrenzte; dieses selbst war eben:

Gaut. 18: planicies † fuit † mortuis obsita †.

Da der linke Flügel der Christen jenen »Berg« »recta fronte« erreichte und Roger, welcher, wie wir unten sehen werden, im Centrum stand, seinen Weg nach ihm hin durch das feindliche Lager nehmen konnte (Gaut. 17), so folgt, dass er sich links von der Talebene und hinter dem Lager der Orientalen erhob und dass die Christen ihn in ziemlich gerader Richtung vor sich hatten.

Die Front derselben war wol annähernd nach Süden, die des Feindes nach Norden gerichtet; denn jene mussten Hab, von wo sie hergekommen (Gaut. 14), diese Sarmin, wohin sie später flohen, im Rücken haben.

An dem Heere der Christen werden drei Hauptteile unterschieden, ein zur Linken und ein zur Rechten marschirender und das Corps des Oberfeldherrn. Gautier spricht zuerst vom letzten, darauf vom linken, drittens vom rechten Teil und zuletzt vom Ganzen. Der Wunsch, die Taten seines Herrn zuerst zu berichten, verleitete ihn offenbar zu dieser unchronologischen Darstellung; denn die Ehre, zuerst ins Gefecht zu kommen, hatte nicht Roger, sondern die aus den Scharen des Grafen von Edessa und des Guido Campolus bestehende Abteilung, welche sowol beim Anmarsch:

Gaut. 15: ordinata acie comitis Edessani ex dono principum primi ictus in bello primatum optinentis †

als im Gefecht den vorgeschobensten Teil der Aufstellung bildete:

Gaut. 17: comes vero Edessanus Guidoque Campolus ad primos ictus ordinati a sinistris antecedendo.

Als der Graf den von dem Kern des Türkenheeres mit dem Hauptbanner besetzten Berg in gerader Richtung (recta fronte) angriff und Guido in schiefer Richtung (ex oblico) vordrang, entspann sich um den Besitz der Höhe ein sehr heftiger, aber kurzer Kampf, welcher mit der Flucht des Feindes endete:

Gaut. 17: (Edessanus et Guido) asserunt se alterum recta fronte supra montem alterum ex oblico hostes impetere. Burso autem † viriliter resistere montemque tueri precipit †. interim hinc comes, inde Guido in primo impetu † hostes percutiunt. † † nostrates † hostes eliminant, eviscerant et obtruncant.

Als man dies sah, heisst es nun weiter, brach Dschandar von Rahaba (Tumbaret) mit 300 Reitern »ex oblico sinistrorsum« hervor, geriet durch schnellen Ritt hinter die »acies« Rogers, da er dieselbe mit seiner Hauptmacht anzugreifen nicht gewagt hatte und ein Versuch, sie durch die Schützen an ihrem Vordringen aufzuhalten, erfolglos geblieben war, warf dann die Turcopulen, welche sich entgegengestellt hatten, auf andere christliche Truppen und begegnete so gerades Wegs (ex ipso impetu) von vorn (recta fronte) der Schar des Robert Fulcoy, welche »rechts einherging«. Bei den Worten »ex oblico sinistrorsum prosiliens« stellt sich der Schriftsteller offenbar an den Anfang der Bewegung, d. h. auf die Seite des Feindes, wie wir das heute bei Bezeichnung der Richtung einer Bewegung meist tun. Nur so ist es erklärlich, das Dschandar auf den rechten christlichen Flügel stossen konnte. Die andere Deutung dieser Worte, er habe eine Bewegung nach der linken Seite der christlichen Gefechtsordnung gemacht, würde zu einer Reihe grösster Unwahrscheinlichkeiten, ja zu gänzlicher Verwirrung des sonst so klaren Schlachtberichtes führen. Dschandar müsste in diesem Falle den linken im Gefecht stehenden Teil umgangen haben, ohne in den Kampf einzugreifen, wiewol er doch sah, dass seine Partei im entschiedenen Nachteil war. Wie leicht, sollte man meinen, hätte er den siegreichen Christen an der Stelle, wo der Hauptkampf stattfand, in den Rücken fallen können! Es wäre ferner die Annahme notwendig, dass er die ganze christliche Aufstellung vollkommen umgangen habe und so die Schar Rogers, welche ohne Zweifel nur im Centrum ihren Platz gehabt haben kann, im Rücken streifend bis zu dem rechten Flügel geritten sei. Wollten wir dies auch noch als möglich gelten lassen, so ist doch durchaus nicht einzusehen, wie er auf solche Weise diesem Flügel »recta fronte« begegnen konnte. Ferner bleibt es rätselhaft, dass er das Centrum nicht mit der Hauptmacht anzugreifen wagte und es nicht einmal am weiteren Vorrücken hindern konnte, da er ja doch mit einem für die Verhältnisse starken Reitergeschwader im Rücken derselben erschien.

Dagegen erklärt sich bei unserer oben gegebenen Deutung der Worte alles einfach und gut: Dschandar von Rahaba nahm seinen Weg, vielleicht quer (ex oblico) das Schlachtfeld durchschneidend, linkshin, also nach dem rechten christlichen Flügel; dabei musste er, wie gesagt ist, dem staffelförmig vorgeschobenen Centrum ausweichen, wenn er nicht mit ihm kämpfen wollte, konnte aber durch seine Schützen das Vorrücken desselben aufzuhalten versuchen; er musste alsdann hinter dasselbe geraten (post aciem principis) und endlich dem zurückgenommenen rechten Teil unmittelbar (ex ipso impetu) von vorn (recta fronte) begegnen.

Demnach bezeichnen wir die Gefechtsordnung als eine Staffel von drei Treffen, von denen das erste links-, das dritte rechtsseitwärts Stellung hatte. Vom ersten Treffen erfahren wir ausserdem, dass es aus zwei »acies« bestand.

Die Stellung Dschandars vor seinem Angriff »ultra montem cum sua acie latitante praesidio« wird sich kaum genau bestimmen lassen, da wir ja die Gestalt des Berges, Höhenzuges oder Gebirges nicht kennen; doch wollen wir durch eine Zeichnung wenigstens eine annähernde Vorstellung von der Stellung der genannten Heeresteile und der Lage des Berges, wie sie uns nach dem Gesagten am wahrscheinlichsten erscheint, zu geben versuchen (s. Taf. IV.).

Der Verlauf des Gefechts war ungefähr folgender: Anmarsch der Christen aus ihrem Lager bei Hab in Gefechtsordnung mit vorausgeschickten Deckungs- und Recognoscirungstrupps, wobei Balduin von Edessa bereits den vordersten Platz einnahm, den er auch in der Schlacht hatte (Gaut. 15); Überraschung der mit dem Aufschlagen der Zelte beschäftigten und daher in der Talsohle zerstreuten Feinde; wahrscheinlich eiliger Rückzug derselben auf den nahen Berg (Gaut. 16: vexillis principis prodeunt †. Burso tamen suique omnes erroris carie imbuti cum † vi nimia pugnatorum, ut ibi nostris resistant, montem nomine Danit ascendere non differunt.); Erstürmung der Höhe durch das erste, linksseitwärts vorrückende, zweigeteilte Treffen; Vormarsch des Centrums unter Roger auf und durch das feindliche Lager; Hervorbrechen Dschandars hinter der Höhe her; vergeblicher Versuch desselben, das Centrum am Vorrücken durch seine Schützen zu hindern; ungestümes Zurückweichen der bogenführenden Turkopulen in die Reihen des dritten Treffens, vor dessen Front sie entweder als Zugehörige dieses oder des zweiten Treffens, das sie dann etwa rechts seitwärts verlängert hätten, ihren Platz gehabt hatten; (Gaut. 17: Turcopulos contra ipsos sagittantes † intra nostrates mergi faciunt . ex ipso impetu cohorti Rotberti Fulcoii dextrorsum incedenti recta fronte obviant); Zerstreuung des Robert'schen Haufen durch den schneidigen Angriff der 300 feindlichen Reiter; Rettung desselben vor völliger Vernichtung durch einige andere, wahrscheinlich auch zum dritten Treffen gehörige Scharen. Während dieses blutigen Kampfes auf beiden Flügeln könnte vielleicht die Eroberung des Lagers durch das Centrum erfolgt sein, wenn es nicht schon früher geschah (Gaut. 17: Rogerius † per media castra captos suos liberando et hostes obtruncando † ad montem † iter dirigit)[1]). Nachdem man so auf der ganzen Linie im Vorteil

1) Für den späteren Moment spräche etwa der Umstand, dass die dominirende Höhe doch wohl dem Lager recht nahe gewählt sein wird. Doch lege ich darauf kein Gewicht.

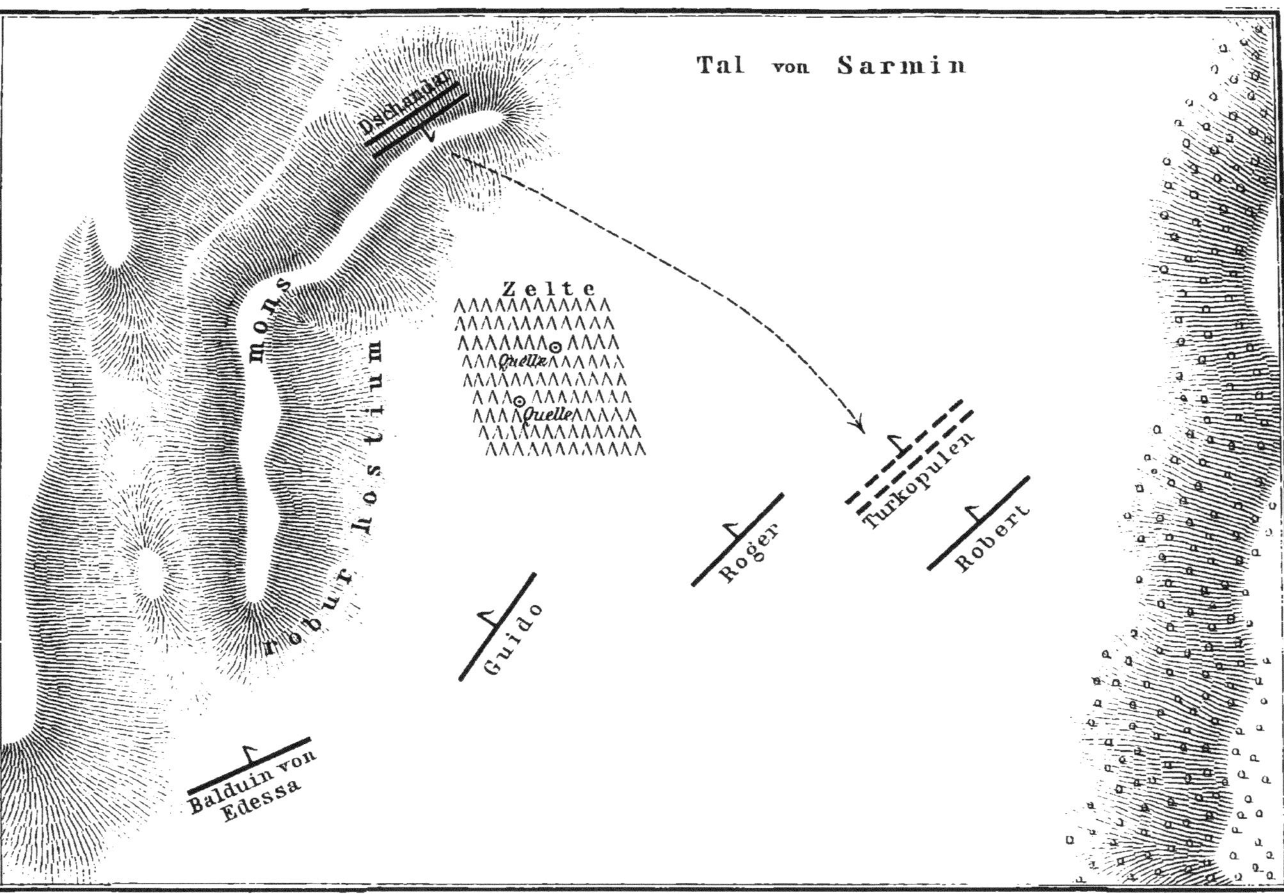
Tal von Sarmin
Dschanah
mons robur hostium
Zelte
Quelle
Quelle
Turkopulen
Robert
Roger
Guido
Balduin von Edessa

war, konnten »nostrorum acies tam dextrorsum quam sinistrorsum« d. h. das Ganze mit dem Schlachtrufe »Jesus Christus« zum entscheidenden Stosse vorgehen [1]).

2. Schlacht bei Athareb,

28. Juni 1119.

(Gaut. 28.)

Von den Bewohnern Halebs gegen die Franken zu Hülfe gerufen, erschien Il-Ghazi von Maridin, nachdem er den Euphrat bei Baddaja überschritten hatte, im Mai 1119 wieder im Gebiet von Antiochien, schlug sein Quartier eine Tagereise südlich von Haleb in Kinnisrin auf und verwüstete mit seinen Truppen das Land. Deshalb sammelten sich die Antiochener und marschirten in der Richtung auf Haleb über die Eisenbrücke nach Belat, welches nach Kameleddin (I, 257) zwischen zwei Gebirgen seitwärts von Derb-Sermeda, nördlich von Athareb, also nordwestlich von Haleb gelegen war, um auf dem sogenannten Blutacker ein Lager aufzuschlagen. Wiewol die Christen von der Nähe der Feinde unterrichtet waren und starke Vorposten ausgestellt hatten (Gaut. 25), wurden sie augenscheinlich doch überrascht, weil Il-Ghazi nicht, wie sie erwartet hatten, einen Angriff auf das acht Stunden nordwestlich von Haleb gelegene Athareb machte, sondern einen anderen, durch unwegsame Gebirge führenden Weg einschlug (Gaut. 26). Die Ungläubigen, sagt Gautier, kamen plötzlich »ex lateribus montium inter oliveta« hervor (Gaut. 28); ihr gesammtes Heer rückte in drei Abteilungen von drei Seiten heran und zwar »per abrupta

1) Bei der Verfolgung zeichnete sich die »acies beati Petri« aus (Gaut. 18). Da bei der Schlachtschilderung ihr Name sonst nicht genannt, bei Gelegenheit der Schlacht von Athareb aber gesagt wird, dass die acies beati Petri das Recht gehabt habe, im ersten Treffen vorzugehen und zuerst an den Feind zu kommen (Gaut. 29: acies † beati Petri a dextris antecedens, cujus juris est et antecedere et primum hostes percutere †), so liegt die Vermutung nahe, dass diese Schar mit der Guidos identisch ist.

montium et devia vallium, loca † etiam ferarum gressibus nusquam patencia« (Gaut. 26. 28). Wir erfahren ferner (Gaut. 31), dass »belli campus et montium introitus« von den Feinden gesperrt wurden und dass »montium vallumque aditus« von den Zweigen[1]) so beschattet wurden, dass keiner der fliehenden Christen unversehrt hindurchdringen konnte. Man erkennt aus diesen Worten, dass der Schauplatz des Kampfes eine von Gebirgen umgebene Ebene, höchst wahrscheinlich ein breites Tal war, in welches von mehreren Seiten Nebentäler mündeten und dessen Seitengehänge mit dichten Olivenwäldern bestanden waren. Die von drei Seiten heranziehenden Ungläubigen scheinen teilweise die Berge auf schwer gangbaren Pfaden überstiegen zu haben, um in das Haupttal zu gelangen.

Der durch das Gebiet von Sarmeda, also ungefähr von Süden heranziehenden Abteilung, welche das mit der Front nach Norden[2]) stehende Christenheer im Rücken bedrohte, wurde ein detachirtes Corps, die »triplex cohors« des Rainald, entgegengeworfen, sodass sie an dem Hauptkampfe entweder gar nicht oder doch nur ganz zuletzt hat Teil nehmen können (Gaut. 28. 30).

Das Gros der Kreuzarmee traf also nur mit den zwei anderen feindlichen Corps, die, wie der Verlauf des Kampfes zeigt, von rechts und links anrückten, zusammen.

Dem Terrain und dem Anmarsch des Feindes entsprechend, hatten die Christen zwei Abteilungen gebildet, die in der Talsohle wurzelten, während sich ihre vorderen Treffen staffelförmig nach rechts und links vorschoben. Für die rechte Abteilung geht diese Aufstellung aus dem Gautier'schen Text unmittelbar hervor, für die linke wird man sie als die wahrscheinlichste annehmen dürfen. Denn von der acies St. Peters heisst es, sie habe auf der rechten Seite im Vordertreffen gestanden und sei zuerst zum Schlagen gekommen, wie es ihr

1) Vgl. Prutz, Quellen S. 31 Anm.

2) Denn ein Staubwirbel bewegte sich von Norden her den Christen entgegen (Gaut. 29).

Recht sei. Die zwei darauf erwähnten »acies« Gaufrieds und Guidos können nicht direkt als zweites und drittes Treffen hinter dem ersten gestanden haben, weil jede derselben gegen eine andere feindliche Abteilung kämpfte.

> Gaut. 29: acies † beati Petri a dextris antecedens, cujus juris est et antecedere et primum hostes percutere, laxis abenis, palpatis lanceis impetuose ac strenue cohortem sibi obviam percutere maturavit † totam dissipavit. quo viso Gaufridus monacus insigni acie comitatus † cohortem perfidorum † impetiit et percussit ita, quod pene eandem et ceteras prope existentes in fugam et disconfecturam impulit, nec minus quantum ad se acies Guidonis Frenelli, cum suo posse hostes invasit et concussit, sed † † plures passi sunt exterminium.

Diese drei Treffen müssen demnach eine Staffel gebildet haben.

Auf der linken Seite bildete Robert de Sancto Laudo das erste Treffen; seine leichte Reiterei wurde auf die acies Rogers geworfen und brachte dieselbe zum Teil in Verwirrung.

> Gaut. 29: interim cohors Rotberti de Sancto Laudo cum Turcopulis a sinistris antecedens, cum percutere debuisset, sinistro homine [so] Turcopulis primo fugientibus non valens resistere, ipsorum pulsa impetu perfidorum clamoribus aciei principis contra vim nefandorum equitanti obstitit et ab impetu fugiendi non † revocari potuit. nam † partem cohortis principis secum in dispersionem depulit.

Lässt dieser Satz unzweideutig erkennen, dass der eine der zwei genannten Heerhaufen eine vorgeschobene Stellung, ein erstes Treffen gebildet habe, so werden wir die Zersprengung nur eines Teiles des rückwärtsstehenden Haufens (partem cohortis † depulit) als eine Andeutung der Seitwärts-Stellung der Treffen anzusehen und demgemäss auch diese linke Abteilung, entsprechend der Formation der rechten, staffelförmig geordnet zu denken haben, so etwa wie die Figur es zeigt:

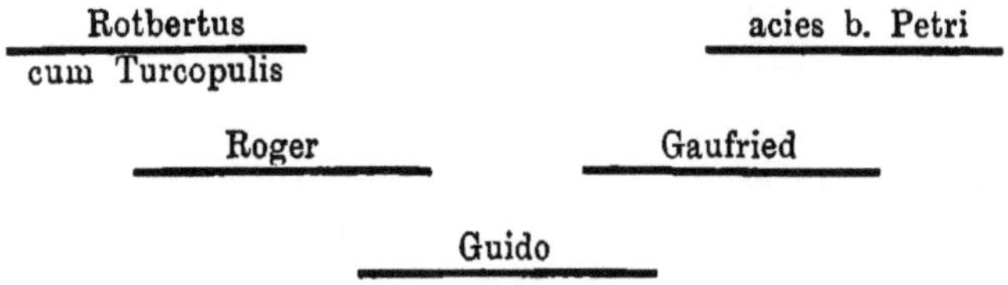

Rotbertus cum Turcopulis		acies b. Petri
Roger		Gaufried
	Guido	

Innerhalb der Heerhaufen hatte das Fussvolk wieder, wie in den früheren Schlachten, am Anfang des Gefechts seine Stellung vor der Kavallerie. Denn einmal wird gesagt, es habe bei der gefechtsmässigen Aufstellung der Haufen vor dem Lager diesen Platz inne gehabt:

Gaut. 28: laudaverunt nostros omnes una, ut erant, ordinatis aciebus circa tentoria sisti, manu pedestri circumquaque anteposita, sicque ferendo immanitatem hostium levius salubriusque posse praestolari † asseruerunt.

Zweitens, es habe das Gefecht mit Pfeilschüssen und Speerwürfen eingeleitet:

Gaut. 29: hinc et inde de aciebus ad acies volatiles tam telorum quam et sagittarum, ut mos bellancium exigit, mittuntur internuncii.

Die treffenweise Anordnung der Heerhaufen, überhaupt die oben geschilderte Gefechtsformation wird durch den Satz (Gaut. 28):

sicut saepius ante disposuerat, acies singulas singulis ordinibus incedere, tunc quoque imperavit †[1])

jedenfalls als eine damals oft vorkommende bezeichnet. Das Wort »ordo« wird mit »Treffen« übersetzt werden müssen. Bei Raimund hat es an einzelnen Stellen, wo es zu den einzelnen »Heerhaufen« in einen gewissen Gegensatz tritt, ohne

1) So scheint uns die Interpunktion richtiger, als wenn man mit Prutz nach »singulas« ein Komma setzt, nach »incedere« es aber wegfallen lässt.

Frage diese Bedeutung (s. S. 31 Anm. 1). Auch sei hier bemerkt, dass bei den Römern das Wort fast immer ein Hintereinandersein von Dingen oder Soldaten bezeichnet und dass »ordines« ein Kunstausdruck für die staffelförmig geordneten Sitze der römischen Ritter war. Welchen Sinn sollte auch sonst der Gautier'sche Satz haben! Haben wir ja doch oben gesehen, dass die Heerhaufen treffenweise geordnet waren. Die oben angegebene Stellung der Infanterie wird ausserdem noch durch die Worte »ut mos bellancium exigit« aus dem an der betreffenden Stelle citirten Satze als die meist übliche hingestellt.

Die Schlacht verlief in ihren Grundzügen etwa folgendermassen: Als sich die Christen plötzlich von drei Seiten zugleich bedroht sahen, liess Fürst Roger dem einen Corps, welches von Samarta (= Sarmeda; vergl. Prutz 33 Anm.) anrückte, durch eine »triplex cohors« den Weg verlegen (praemuniri; Gaut. 28). Indessen stellte sich das Hauptheer in Schlachtordnung und marschirte den zwei von rechts und links heranrückenden feindlichen Abteilungen entgegen. Nach dem Schützengefecht griffen die drei rechts-, ebenso die linksstehenden Treffen nach einander ins Gefecht ein.

Während das erste und zweite des rechten Flügels entschieden im Vorteil waren und mehrere feindliche Abteilungen in die Flucht schlugen, das dritte noch unentschieden, aber mit Verlust kämpfte, fiel auf der linken Seite die Entscheidung. Hier vermochten die Turcopulen im Vordertreffen nicht Stand zu halten, sondern flohen bald und wurden auf das zweite Treffen unter Roger geworfen, so dass ein Teil desselben in Verwirrung und Auflösung geriet. Zu gleicher Zeit hinderte die Christen ein ihnen von Norden entgegenkommender Sandwirbel am Kampfe. Diesen Zeitpunkt benutzend, gingen die Ungläubigen auf allen Seiten zu energischem Angriff vor (Gaut. 30). Vergebens wehrte sich Roger mit seiner Schar verzweifelt: er und sein ganzes Heer gingen zu Grunde. Denn die Türken hatten mittlerweile Umgehungsmanöver gemacht, schliesslich das Kreuzheer vollkommen eingeschlossen und alle Taleingänge gesperrt (Gaut. 31). Nach Kemaleddin (256), welcher von Gautier (31) bestätigt wird, hatte eine feindliche Schar noch während des Kampfes sogar das Lager im Rücken der Christen erobert. Mit der Überlegenheit der Muslims auf dem Hauptschauplatz hängt es offenbar zusammen, dass auch das gegen Rainald kämpfende und anfangs schon geschlagene Corps wieder neue Kräfte gewann und dessen Schar fast ganz aufrieb.

Die Geschlagenen suchten nach allen Richtungen zu entkommen. Rainald zog sich mit nur wenigen Kameraden in den Turm von Sarmeda zurück und musste sich hier, als Il-Ghazi selbst vor demselben erschien, ergeben (Gaut. 30). Andere entkamen, als die Taleingänge (im Westen) noch nicht gesperrt waren, nach Antiochien (Gaut. 31). Später war nur noch der Weg nach dem Lager offen, aber auch hier war schon der Feind, als die Fliehenden anlangten. Der Tross floh auf einen nahen Berg, wurde aber alsbald angegriffen und durch einen heftigen Pfeil- und Speerhagel überwältigt. Viele wurden zu Gefangenen gemacht.

Die Ungläubigen waren wie immer an Zahl dem aus 700 Reitern und 3000 Fussgängern bestehenden Christenheere (Gaut. 30) weit überlegen; sie werden von Gautier, allerdings ganz übertrieben, auf 100000 Mann geschätzt; eine der »Cohorten« soll allein 10000 »milites« stark gewesen sein (Gaut. 29).

Das Verhältnis von Kavallerie und Infanterie im Kreuzheere war 1:4.

Die Darstellung dieser Schlacht durch Delpech (II, 182) scheint uns durchaus verfehlt. Ohne von Gautier irgend welche Notiz zu nehmen, legt er seinen Ausführungen lediglich Wilhelm von Tyrus zu Grunde. Dessen Bericht (524) ist aber so auffallend ungenau, dass man kaum das Original wiedererkennt. Von einer Scheidung der Heerhaufen in rechts- und linksstehende sagt er nichts. Die im ersten Treffen stehende »acies St. Petri« erwähnt er überhaupt nicht. Demgemäss zählt er statt fünf nur vier Heerhaufen und bezeichnet fälschlich die Scharen Gaufrieds und Guidos als die beiden ersten Treffen. Hinter diesen soll Roberts und Rogers Schar gestanden haben, letztere als Reserve. Dieser entstellenden Erzählung folgt Delpech Wort für Wort und gelangt so zu der Ansicht, dass das Kreuzheer eine Angriffskolonne von vier Treffen gebildet habe. Sogar die auf die Stärke des feindlichen Heeres gehende Zahl von 60000 Reitern[1]) trägt der französische Forscher kein Bedenken als unzweifelhaft richtig abzuschreiben.

3. Schlacht bei Hab,

14. August 1119.

(Gaut. 40.)

Bald nach jener schweren Niederlage bei Athareb kam König Balduin von Jerusalem nach Antiochien, um von der Stadt das Schlimmste abzuwenden. Schon war Athareb in den Händen der Feinde, als er seine aus allen Teilen des Reiches gesammelten Streitkräfte in der Richtung auf Haleb über Rubea und Hab nach Daniz führte. Auf die Nachricht von der Kapitulation von Sardanah beschloss er am anderen Tage eine Schlacht zu liefern und marschirte wieder nach Hab zurück. Auf diesem Wege erfolgte der feindliche Angriff. Da man schon vorher rings von Feinden umschwärmt war, hatte man eine gefechtsbereite Marsch-

---

1) Die Zahlen, welche Wilhelm angiebt: 20000 Reiter in jedem der drei Corps (W. 524), stehen zwar nicht so bei Gautier, doch ist an eine fremde Quelle nicht zu denken; es ist vielmehr zweifellos, dass sich der Überarbeiter die Zahlen nach den Angaben des Originals selbst herausgerechnet hat. Gautier gibt nämlich die Stärke einer der feindlichen Unterabteilungen (cohorta) auf 10000 »milites« an. Da nun bei Wilhelm das rechterhand erscheinende Corps aus zwei solcher »cohortae« besteht, so giebt er diesem und ebenso auch den andern beiden feindlichen Corps je 20000 Reiter. Ist diese Rechnung auch durchaus falsch, so zeigt sie uns immerhin, wie Wilhelm gearbeitet hat.

ordnung, die aus der Schlacht bei Askalon uns schon bekannte karreeförmige Kolonne hergestellt. Von den neun, aus Reiterei bestehenden Heerhaufen bildeten drei die Tete, der des Grafen von Tripolis die rechte »Seite« und die vier »acies« der »Barone« teils die linke »Seite«, teils die Queue. Das Fussvolk hatte seinen Platz unmittelbar hinter den drei vorderen Haufen, um, wie es heisst, diese zu schützen und von ihnen geschützt zu werden.

Gaut. 44: (rex) disposuit se cum toto exercitu ordinatis aciebus † versus Hab equitare . eo etenim modo estimabat bellum, et fuit invitabile . mane † novem aciebus jussu regis dispositis † more bellatorum passim iter arripiunt, hoc ordine incedentes: tribus aciebus antepositis, manus pedestris, ut eas protegat et ab his protegatur, retro sistitur . † † acie[1]) comitis Tripolitani † a dextris posita, aciebus baronum a sinistris et post jussu regis quibusque suo loco positis.

Die Königsschar hatte eine solche Stellung, dass durch feindlichen Angriff der Haufe des Grafen von Tripolis auf sie geworfen werden konnte:

Gaut. 44: (hostes) nostros percuciunt ita, quod jam pluribus dissipatis ipsam aciem comitis Tripolitani † in regali acie mergi faciunt.

Ferner erfahren wir, dass sie zum Schutz der drei vorderen sowol wie aller anderen Haufen bestimmt war und demgemäss im Gefecht immer dort Hülfe brachte, wo der Feind am heftigsten drängte, und so wechselweise erst die von vorn, dann die von hinten Anstürmenden in die Flucht schlug, endlich dass rechts von ihr die Schar des Grafen, links und hinter ihr die Haufen der Barone Stellung hatten:

Gaut. 44: virtus † regia harum (sc. der Tete) et aliarum (acierum) protectioni parata incessit ordine omnibus neces-

---

1) So offenbar die richtige Lesart, nicht »acies«.

sario, acie comitis † a dextris posita, aciebus baronum a sinistris et post positis.

Es folgt hieraus, dass der König mit seiner »acies« die Mitte des Vierecks eingenommen hatte und die Aufgabe einer Reserve erfüllte.

Den Tross, welchen das Heer jedenfalls mitführte, haben wir uns in der Mitte des Fussvolks zu denken.

Die Gesammtordnung mag durch das nachstehende Schema veranschaulicht werden:

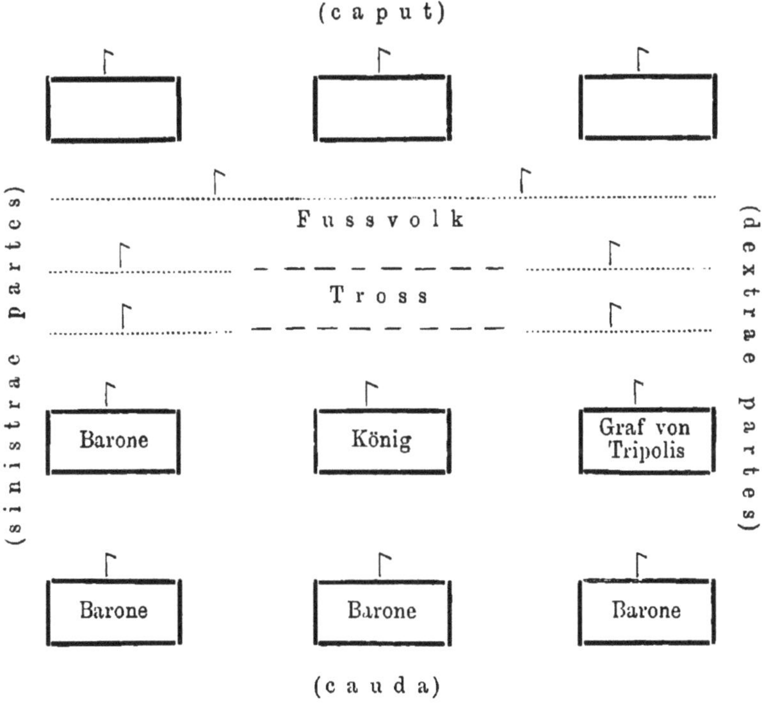

Zuerst versuchten die Krieger Il-Ghazi's die Christen von mehreren, vielleicht von allen vier Seiten (circumquaque), durch Pfeil und Speer zum Rückzug zu zwingen und ihre Reihen zu lockern und aufzulösen:

Gaut. 44: hostes † in diei crepusculo circumquaque positi † emittunt strepitum † . et quia his ab incepto gressu christicolas removere et in dispersionem existimabant compellere † insistunt vehementius, hinc et inde sepius sagittarum et telorum immissis sevis ictibus.

Als sie jedoch ihre Absicht an dem tapferen Widerstand der Christen, namentlich des Fussvolks, scheitern sahen, gingen sie mit dem Schwert zum Nahkampf über:

Gaut. 44: qui cum hoc modo, quod moliebantur, efficere nequissent et nostros audacter incedere et viriliter resistere persensissent † audatiam assumentes, ambitiosi manum pedestrem prosternere, qua gravius refrenabantur, cum hanc precedentibus aciebus et acies hac protegi viderint, vi maxima incensi animosius, post ictus illatos lanceis et sagittis, arcubus immissis brachiis, exemtis ensibus nostros percutiunt †

Der Hauptstoss richtete sich jedenfalls gegen die rechte Flanke, wo »sogar« die »splendidissima acies« des Grafen aufgelöst, in die Flucht geschlagen und auf die Königsschar geworfen wurde. Aber auch die Front wurde zu gleicher Zeit mit solcher Heftigkeit angegriffen, dass die drei vorderen Haufen auseinandergeworfen und zur Flucht gezwungen wurden:

Gaut. 44: nostros percuciunt, ita quod jam pluribus dissipatis ipsam aciem comitis etiam splendidissimam in regali acie mergi faciunt. sparsis etenim suis et penitus effugatis sparsisque tribus aciebus †.

Während nun trotz dieser schwierigen Lage der Graf mit Hülfe der Königsschar im heftigen Kampfe Stand hielt:

Gaut. 44: ipse solus vel cum paucis militarie agendo vicissim susceptis ictibus hostibus resistebat et se constanti animo † mori vel vivere applicuit

drang der Feind in die nun des Kavallerieschutzes entbehrenden Massen der Infanterie ein und richtete ein grosses Gemetzel unter ihnen an:

> Gaut. 44: major pars nostrae manus pedestris † concussa hostium gladio corruit †.

In diesem kritischen Moment war es wieder die Reserveschar Balduins, welche den Schwerbedrängten in der Front, den vorderen Haufen und dem Fussvolk Schutz und Hülfe brachte und die Feinde hier vollkommen zersprengte:

> Gaut. 45: rex itaque † qua parte hostium turmas vi pugnatorum in nostros magis vigere comperit, illuc † protectionem et auxilium velocissime irruit, perfidos prostravit et in dispersionem impulit, ita † quod † anteriores † percuciendo effugavit.

Indessen war es nach der Zerbrechung der rechten Flanke und der Front den Türken gelungen, die christliche Aufstellung vollkommen zu umgehen und auf allen Seiten energisch vorzudringen.

> Gaut. 44: statimque a dextris et a sinistris, a cauda et a capite hostes gravi impetu nostros percuciunt.

Wenn nun vom König gesagt ist, er habe bald die vorderen, bald die hinteren Ungläubigen in die Flucht geschlagen:

> Gaut. 45: rex † perfidas prostravit † ita † quod vicissim anteriores et vicissim posteriores percuciendo effugavit,

so heisst das offenbar, er habe, nachdem er die von vorn andringenden Feinde zurückgeworfen, gegen die dann im Rücken angreifenden sich umgewandt und auch hier gesiegt.

Hierdurch wurde die Entscheidung herbeigeführt.

Das Gefecht war so ausserordentlich schwankend gewesen, dass sich auf beiden Seiten im ersten Augenblick einige für die besiegte und andere für die siegreiche Partei hielten. Das Schlachtfeld behaupteten jedoch unbestritten die Christen (Gaut. 45).

Der Verlust auf ihrer Seite betrug, »wie man sagte«, 500 bis 700 Fussgänger und 100 Reiter bei einer Gesammtzahl von 700 Pferden (Fulch. 443), der der Türken »nach Aussage aus der Schlacht Entkommener« 2000 bis 3000 Mann (Gaut. 46).

Wenn Gautier von den Christen sagt, sie seien »more bellatorum passim« marschirt, »indem sie in der angegebenen karreeförmigen Ordnung einhergingen« (Gaut. 44), so folgt einmal, dass die in Frage stehende Kolonne nicht enggeschlossen war, und zweitens, dass die Krieger in gefechtsbereiter Ordnung überhaupt nicht in enggeschlossenen Reihen und Gliedern zum Kampfe vorgingen, was bei der damaligen Kampfweise mit Schild und Lanze und Ross, wo jeder Mann einen grossen Raum beanspruchen musste, wol erklärlich ist.

Wiewol die Ordnung des christlichen Heeres in dieser Schlacht mit vollkommener Deutlichkeit und ohne alle Schwierigkeit aus der Beschreibung des Augenzeugen herauszulesen ist, hat doch Delpech (II, 193), indem er wieder die entstellende Überarbeitung Wilhelms dem Originalbericht vorzieht, ein vollkommenes Zerrbild geliefert. Dass wir es mit einer kareeförmigen, wenn auch gefechtsbereiten Marschkolonne und nicht mit einer regelrechten Gefechtsaufstellung zu tun haben, hat er nicht erkannt. Er ist demgemäss auch der Meinung, dass die Christen den Feind in Gefechtsstellung erwartet hätten, während sie doch in Wirklichkeit auf dem Marsche angegriffen wurden. Sie sollen zwei Schlachtlinien gebildet haben, von denen die erste fünf, die zweite vier Abteilungen enthalten hätten; diese sei die Reserve gewesen und habe unter dem Befehl des Königs gestanden. Die erste Linie sei wieder in drei »Armeecorps« eingeteilt worden. Auf dem rechten Flügel hätte die Reiterei des Grafen, auf dem linken die von Antiochien, im Centrum das Fussvolk gestanden. Die Türken, fährt Delpech fort, hätten schon so oft die Wichtigkeit des letzteren kennen gelernt, dass sie, »wie die Geschichtsschreiber berichten«, die Gelegenheit ergriffen hätten, die Fusstruppen zu vernichten. Sie hätten daher von der ins Centrum gestellten Hauptmasse der feindlichen Streitkräfte den grössten Teil des Tages hindurch einen wütenden Angriff auszuhalten gehabt und in der Tat auch »sans defaillance« ertragen. Der König habe dann den Augenblick, wo die Reiterei der ersten Linie angefangen habe zu wanken, abgewartet, um mit den vier Reservecorps dem Fussvolk zu Hülfe zu kommen. Er verhalf auf beiden Flügeln den christlichen Waffen zum Siege, sodann vereinigte sich ihre gesammte Macht zum Sturm auf das feindliche Centrum.

Da geradezu jeder dieser Sätze direkt gegen unsere Originalquelle verstösst, so glauben wir der Mühe, sie alle im Einzelnen zu widerlegen, überhoben zu sein. Zur Charakterisirung der ungenauen und falschen Wiedergabe des schon an sich so ungenauen Wilhelm'schen Berichtes durch Delpech wollen wir nur erwähnen, dass die Worte »ex plurima parte ea die« in dem Satze (Wilh. 529) »Turci ad exterminandas pedestrium turmas elaborabant . factumque est † ut ex plurima parte ea die hostium gladiis deperirent« übersetzt worden sind mit: »pendant la plus grande partie de la journée«!

XII.

Schlacht bei Hazarth,

1125.

(Fulch. 477.)

Als es galt, die von dem Emir »Borsequinus[1])« belagerte Stadt Hazarth in Syrien zu entsetzen, hatte Balduin seine Streitmacht so zum Gefecht geordnet, dass die Antiochener auf dem rechten, die Grafen von Tripolis und Edessa auf dem linken Flügel und die direkt unter seinem eigenen Kommando stehenden Truppen in der Mitte[2]) Stellung nahmen.

---

1) Wahrscheinlich mit Boursk, der auch Borsaki heisst (Prutz, S. 10) identisch.

2) Die Notwendigkeit, in dem Fulcher'schen Satze (471 H.): »rex autem in tertio cum densiore et posteriore« hinter »in tertio« und hinter »in posteriore« das ganz unpassende »cornu« (anstatt »cuneo«) ergänzen zu müssen, scheint auf eine Lücke im Text oder auf einen Schreibfehler hinzuweisen.

Die zurückgezogene Stellung der Mitte unterscheidet diese Gefechtsordnung von fast allen früheren; nur mit der bei Athareb angewandten ist sie vergleichbar, vielleicht sogar identisch. Mit den meisten unserer sonstigen Gefechtsformationen hat sie andererseits die Dreiteilung in die Mitte, in die rechte und linke Seite und die durch die Zurücknahme der Mitte bedingte Staffelform gemeinsam. Diese Formation wird mit »ordinatissime«, also nicht als Ausnahmestellung bezeichnet. Ob der eine Flügel weiter vorgeschoben war als der andere, lässt Fulcher nicht erkennen, doch erscheint es als das Wahrscheinlichere, weil sich so wieder wie gewöhnlich eine Staffel von drei Treffen herausstellen würde. Wilhelms Auffassung der Stelle würde die unsrige wesentlich stützen können, da er den rechten Flügel die »prima« und den linken die »secunda acies« nennt (579), wenn es zweifellos wäre, dass er nicht die drei Abteilungen einfach in der Reihenfolge aufzählte, in welcher sie Fulcher nennt. Es ist also nicht ausgeschlossen, dass die Benennung der Flügel bei Wilhelm nur eine zufällige, nichtssagende ist. Eine dritte Deutung der Stelle, welche Delpech (II, 199) giebt: der Schriftsteller habe mit »prima« und »secunda« gleichsam die Rangstufen der Heeresteile bezeichnen wollen, so dass der rechte Flügel nach altrömischem Vorbild der Ehrenplatz für die Vornehmen gewesen sei, scheint offenbar unrichtig: Ehrenplatz war nur die Stellung im ersten Treffen, mag dieses rechts oder links gestanden haben (siehe die Schlachten bei Sarmin und Athareb). Ausserdem müsste nach jener Ansicht die Königsschar als die von Wilhelm zuletzt genannte wol die unterste Ehrenstufe eingenommen haben.

Die gesammte Streitmacht war in dreizehn Heerhaufen gegliedert, so dass auf beide Flügel vermutlich je vier und auf den »densior« cuneus der Mitte fünf von ihnen gekommen sind. Aus der ganz ungewöhnlich grossen Zahl der Haufen, die nur noch einmal in einer Schlacht des folgenden Jahres vorkommt, werden wir entnehmen dürfen, dass dieses Mal auch die

Infanteriehaufen mitgezählt worden sind. Wir rechnen sonach auf jeden Flügel je zwei Kavallerie- und je zwei Infanterieabteilungen, zumal für den einen auch zwei Führer genannt werden; auf das dritte Treffen würden denn ebenfalls zwei oder drei Haufen Reiter und zwei oder drei von der Infanterie zu rechnen sein. Welche Stellung die einzelnen Heerhaufen innerhalb der Treffen eingenommen haben, ist nicht mehr zu ermitteln.

Es würde sich hiernach folgende Gefechtsordnung herausstellen:

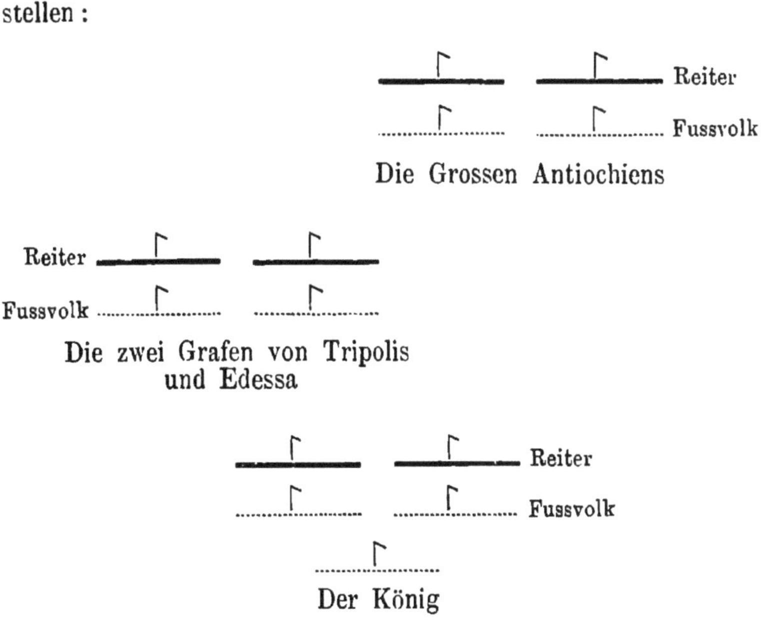

Bei einer Gesammtstärke von 1100 Reitern und 2000 Fussgängern zählten die Kavalleriehaufen durchschnittlich ca. 170, die Infanterieabteilungen ca. 300 Mann. Die Stärke beider Waffengattungen verhielt sich wie 1 : 2.

Von dem Kampfe selbst wissen wir nur, dass der König erst dann den Befehl zum »impetus«, d. h. hier wol zur Kavallerieattacke gab, als die feindlichen Schützen zum Nahkampf übergingen (Fulch. 477 H.); das Fussvolk ist jedenfalls schon vorher mit denselben ins Gefecht gekommen. Wir sehen hieraus wieder besonders deutlich, dass der König das Oberkommando über alle Teile des Heeres führte und einheitlich das Gefecht leitete. Dass seiner Schar als letztem Treffen die Aufgabe einer Reserve zukam, ist wol selbstverständlich. Der Sieg blieb schliesslich den Christen.

XIII.

Schlacht bei Merdj-Sefer (Merdj-Alsoffar)[1], 1126.

(Fulch. 477. Wilh. 583.)

Die glücklichen Waffentaten des Jahres 1125 ermutigten den König von Jerusalem zu einem kühnen Vorstoss gegen Damaskus. Das bei Tiberias zusammengezogene Heer gelangte im folgenden Jahre über Salim in die weite Ebene von Merdj-Sefer (Merdj-Alsoffar). Nach zweitägigem Aufenthalt hierselbst kam es mit dem in der Nähe lagernden Heere Toghtekins von Damaskus, das dessen Sohn führte, zur Schlacht.

Die Kavallerie und Infanterie der Christen war in zwölf Heerhaufen gegliedert. Es sollte, wie es scheint, je eine Abteilung Fussvolk und eine Abteilung Reiterei sich gegenseitig im Fall der Not unterstützen, so dass anzunehmen ist, je ein Haufe Infanterie sei mit je einem Haufen Kavallerie eng verbunden gewesen. Delpech dagegen schliesst (II, 200) aus den hier in Betracht kommenden Worten:

> (Fulch. 477): ordinatae sunt in parte nostra tam militum quam peditum acies 12, ut ab alterultra corroboraretur caterva, si necessitas admoneret

dass wir es mit einer Kolonnenformation zu tun hätten, deren Abteilungen »sur un même axe« gestanden hätten, damit

1) Vgl. über die Bezeichnung des Ortes die Anmerkung des Herausgebers zu Fulcher 477 G.

die eine den anderen hätte zu Hülfe kommen können. Aber von einem Ablösen vieler in Kolonne stehender Abteilungen ist gar keine Rede, auch davon nicht, dass jeder Haufe die anderen unterstützen sollte und könnte; vielmehr sollte der eine von zwei Haufen (ab alterutra caterva) den anderen unterstützen und zwar nur dann, wenn die Not es gebiete. Der Zusammenhang lässt die Annahme als die nächstliegendste erscheinen, dass die eine der beiden Abteilungen aus Reiterei, die andere aus Fussvolk bestanden habe, so dass wir also den oben citirten Satz zu übersetzen haben: es wurden auf unserer Seite zwölf Heerhaufen, sowol Reiterei als Fussvolk, so aufgestellt, dass ein Infanteriehaufe einem Kavallerichaufen im Falle der Not zu Hülfe kommen konnte. Zudem stimmt unsere Auffassung mit den Ergebnissen früherer Schlachten überein. Einige Sätze, welche die gegenseitige Unterstützung der Kavallerie und Infanterie betonen, ohne dass von einer Kolonnenformation die Rede wäre, erinnern direkt an die in Frage stehenden Worte. Man vergleiche eine Stelle aus der Schilderung der Schlacht von Antiochien (1098):

Raim. 258E.: constituerunt † de bello sic, ut † fierent † ordines duplices, ut pedites praeirent militibus † et milites sequerentur eos atque a tergo custodirent

und eine andere aus Gautiers Bericht der Schlacht bei Hab (1119):

(44): tribus aciebus (sc. militum) antepositis, manus pedestris, ut eas protegat et ab his protegatur, retro sistitur.

Die ungewöhnlich grosse Zahl von zwölf Heerhaufen erklärt sich also so, dass diejenigen des Fussvolks mitgezählt sind. Demnach sind von jeder Waffe sechs Haufen anzunehmen.

Die Stellung des unterstützenden Fussvolks war im weitern Verlauf des Gefechts jedenfalls im Rücken der Kavallerie, nachdem es den Kampf wol wieder mit einem Pfeilhagel eröffnet haben wird. Hiermit stimmt Wilhelm, welcher zum Teil aus einer sehr ausführlichen, aber unbekannten Quelle schöpft, gut überein, wenn er sagt, die Fussgänger seien, durch das Beispiel der Kavallerie belehrt, in die feindlichen Scharen selbst mit blanker Waffe eingedrungen (Wilh. 583); denn daraus geht doch hervor, dass die Infanterie hinter der Reiterei gestanden hat.

Aus Fulcher erfahren wir sonst nur noch, dass die Schlacht eine äusserst heftige und schwankende gewesen sei. Die Christen wurden wieder umklammert und gerieten in entsetzliche Bedrängnis. »Niemals — sagt der schlachtenkundige Berichterstatter — haben die Unsrigen einen wilderen und schrecklicheren Kampf zu bestehen gehabt«; er dauerte vom Morgen bis zum Abend; die meisten wurden verwundet. Der König hielt sich rühmlich und siegte endlich. Wilhelm stimmt im allgemeinen mit dieser Darstellung überein, doch lässt sich die Zuverlässigkeit seiner aus anderer Quelle geschöpften Nachrichten schwer ermessen. Wenn es freilich von dem Fussvolk heisst, es sei in die feindlichen Scharen selbst, also mit Nahwaffen eingedrungen, so brauchen wir dies kaum zu bezweifeln, da Ähnliches schon bei Gelegenheit eines Gefechts im Jahre 1098 von Raimund erzählt wird:

> (249 b.): cum cominus res agenda foret, quidam Isuardus miles de Gagra † cum 150 peditibus † sociis adhortatus est † atque hostibus incurrit. similiter et aliae acies nostrae incurrunt.

Was aber sonst von der Infanterie gesagt ist, dass sie die Gefallenen und Verwundeten mit dem Schwert getötet, den Fliehenden die Wege verlegt, die vom Pferd herabgeworfenen Kameraden wieder aufgerichtet habe, findet nirgends eine Analogie, so dass wir es dahingestellt sein lassen müssen. Namentlich aber lässt die Erwähnung der später so bedeutungsvoll gewordenen Infanterietaktik die Frage entstehen, ob nicht von Wilhelm Dinge aus seiner Zeit in unsere Periode hineingetragen seien. Delpech freilich hat sich diese Frage nicht vorgelegt, sondern nimmt alles von Wilhelm Überlieferte für bare Münze.

Allgemeine Ergebnisse.

Die in den Schlachten unserer Periode auftretende streitbare Mannschaft setzte sich aus Reiterei und Fussvolk zusammen. Da der Wurfmaschinen und deren Erbauungs- und Bedienungsmannschaft auch nicht die geringste Erwähnung geschieht, während von ihnen im Festungskrieg so häufig die Rede ist, so dürfen wir mit Bestimmtheit annehmen, dass in den Feldschlachten die Artilleriewaffe zu keinerlei Verwendung kam. Die Geschütze waren gewiss wegen ihrer Plumpheit transportunfähig; mussten sie ja doch für jede Belagerung erst von neuem erbaut werden. Ihre Betrachtung fällt somit über den Rahmen unserer Abhandlung hinaus. Nicht minder müssen wir die für die Taktik wichtige Frage, ob die Waffenträger der Ritter am Kampfe teilgenommen haben oder nicht, mit nein beantworten. Denn so oft die im Gefecht stehenden Waffengattungen aufgezählt werden, hören wir nur von »milites« und »pedites«, niemals aber von den »armigeri« oder »scutarii«, so viel sie auch sonst, wo es sich um Fouragirungen u. dgl. handelt, genannt werden. Einmal erfahren wir sogar, dass Waffenträger, um die Streitkräfte zu mehren, erst zu »milites« gemacht werden mussten (Fulch. 391 B.: et quia necessitas nos urgebat pro eo quod militum eramus egentes, monente rege, quicunque potuit de armigero suo militem fecit). Ein andermal wurden einem Waffenträger, als er zu einem »miles« erhoben wurde, Waffen gegeben; ein Zeichen, dass er solche nicht gehabt hatte (Fulch. 463: armiger † Joscelini † acceptis armis ab armigero in militem provectus est: comes quippe Tripolitanus ad hunc gradum eum sublimavit).

Die Stärke der Heere, welche den ganzen Orient herausforderten und fast immer als Sieger aus dem Kampfe hervorgingen, war nicht nur im Vergleich zu den modernen Volksheeren, sondern auch zu den Streitkräften vieler anderer Zeiten eine ganz verschwindende; denn die Kavallerie bildete den Kern der Heere und war durchaus die entscheidende Waffe; das Fussvolk hatte, wiewol an Zahl überlegen, eine nur untergeordnete Bedeutung. Am Antiochischen See kämpften nur 700 Reiter ohne Infanterie (S. 30); für die grosse Entscheidungsschlacht bei Antiochien dürfen wir höchstens 500 bis 600 Pferde annehmen (S. 43), während die Zahl der Fussgänger allerdings weit beträchtlicher gewesen sein wird. Die Schlacht bei Askalon weist mit nur 1200 Pferden die höchste Kavalleriestärke auf, welche, abgesehen von der unbekannten bei Doryläum, in unserer Periode überhaupt zum Schlagen kam. Ebenso stellten die 9000 Fussgänger (S. 50) die grösste bekannte Infanteriemasse dar, die nur von der bei Doryläum und bei Antiochien übertroffen worden sein dürfte. Nach Beendigung der grossen Kreuzfahrt schmolz das christliche Kolonistenheer auf 260 Reiter und 900 Fussgänger zusammen, die noch dazu nur mit grosser Mühe zusammengebracht werden konnten (S. 59). In den beiden Gefechten des folgenden Jahres erscheinen nur 200 Reiter (S. 66. 67). Später hebt sich die Stärke der Heere wieder und bleibt ziemlich constant, sodass dreimal 700 Reiter und einmal 2000 und 3000 Infanteristen auftreten (S. 76. 88. 94). Im Jahre 1123 finden wir endlich bei Azotus ohne Scheidung der Waffen die verhältnismässig grosse Zahl von 8000 Mann (S. 127) und 1125 erreicht die Kavallerie eine Stärke von 1100 Pferden und 2000 Fussgängern (S. 97). Die Kleinheit der Heere fällt um so mehr auf, als die angeführten Zahlen mit wenigen Ausnahmen fast die gesammten Streitkräfte der Christen im Orient repräsentiren.

Je grösser die Heere sind, um so abhängiger sind sie von der B o d e n f o r m. Die im Wesen der Kavallerie liegende beschränkte Verwendbarkeit im Terrain wird also bei den damaligen Reiterheeren weniger fühlbar gewesen sein. Da der Gegner ebenfalls an Reiterei besonders stark war, so ist es wol selbstverständlich, dass beide Teile die E b e n e zum Schlagen suchten.

Es weisen sich denn auch zwölf Schlachtfelder, d. h. alle, deren Terrainformen überhaupt erkennbar sind, als Ebenen aus:

Doryläum, S. 10; See von Antiochien, S. 29; Antiochien, S. 40; Askalon, S. 51; Ramla 1101, S. 59; 1102, S. 66; Joppe, S. 67; Ramla 1105, S. 73; Sarmin, S. 79; Merdj-Sefer, S. 98.

Auch das Schlachtfeld von Athareb wird wenigstens eine kleine, wenn auch von hohen Bergen umschlossene Talebene gewesen sein (S. 84). Bei Hab lässt die breite Marsch- und Gefechtsordnung mit Bestimmtheit auf ebenes Gelände schliessen (S. 91).

Von Terrainschwierigkeiten, vom Kampf um Örtlichkeiten und Waldungen finden wir kaum eine Spur. Jedenfalls spielte deren Benutzung eine sehr geringe Rolle. Nur einmal (Sarmin, S. 79) hören wir, dass man einen vom Feind besetzten Höhenzug nehmen musste; doch auch dies scheint nur eine Folge der Überraschung gewesen zu sein.

Dagegen bemerken wir häufig, dass die Christen an die die Ebene begrenzenden Terrainabschnitte ihre Flügel anlehnten, um sich vor der Umgehungstaktik der Orientalen zu schützen. Wie sollte man damals auch anders das Gelände benutzen? Das Vorwiegen der Reiterei und der Nahwaffen gestattete selbstverständlich ein solches Anschmiegen an die Bodenform nicht, wie es die moderne Taktik verlangt. Einmal zog sich die Schlachtlinie vom Antiochenischen See bis zum Orontes (S. 30), ein andermal von diesem Fluss bis zu den das Tal begrenzenden Bergen (S. 41), bei Askalon von den die talartige Küstenebene im Osten abschliessenden Bergen bis zum Mittelmeer (S. 54); das Tal von Athareb scheint vollständig gesperrt worden zu sein (S. 87). Die Schlachtfelder von Doryläum und Sarmin (S. 78) sind zwar ebenfalls Talsohlen, doch wissen wir nicht, ob die Gefechtslinie sich bis zu ihren Grenzen ausdehnte; als zweifellos dürfen wir jedoch annehmen, dass die weiten Steppen bei Ramla, Joppe und Merdj-Sefer den Flanken keinen natürlichen Schutz gewährten.

Mit einem verteidigungsweisen Festsetzen im Gelände hat jedoch diese Bodenbenutzung nichts zu tun. Die Kavallerie kennt nur den Angriff; die Verteidigung ist bei ihr selbst wieder Angriff; und die Infanterie war noch viel zu unselbständig, um aus dem Schutze der Reiterlanzen hinweg das Gelände zu solchen Zwecken zu benutzen. So sehen wir die Christen fast immer in der taktischen Offensive, wiewol die strategische Offensive nach Jerusalems 'Eroberung meist auf Seiten der Gegner war: fielen diese ins christliche Gebiet ein, so führten jene gegen sie einen schnellen, wuchtigen, oft unerwarteten Stoss. So am Antiochischen See (S. 26); bei Antiochien (S. 35); Askalon (S. 50); Ramla 1101 (S. 59), 1102 (S. 65) und 1105 (S. 72); Joppe (S. 67); Sarmin (S. 78); Athareb (S. 83); Merdj-Sefer (S. 98). Nur bei Doryläum, Hab und vielleicht auch bei Harran kämpften die Christen notgedrungen in der Defensive, weil sie auf dem Marsche angegriffen wurden. Die Folge war jedesmal ein sehr gefährlicher Kampf und schwerer Verlust (S. 17. 72. 89).

Die Formen des Angriffs scheinen auf beiden Seiten in der Regel die entgegengesetzten gewesen zu sein: den Muslims scheint das Umgehungs-, den Christen das Durchbruchsverfahren eigentümlich. Die meisten unserer Schlachten liefern Beispiele von Umgehungs- und Umfassungsversuchen der Ungläubigen (Doryläum, S. 15; Antiochien, S. 40, Raim. 260C.; Askalon, S. 53; Ramla 1101, S. 62; Joppe, S. 67; Ramla 1102, S. 66; Ramla 1105, S. 74; Hab, S. 91. 93; bezüglich der Schlacht am See von Antiochien heisst es bezeichnend, dass das Terrain die Umgehungen verhindert hat, S. 30; Merdj-Sefer (Fulch. 477)); dagegen von solchen seitens der Christen, wenn wir von dem unter eigenartigen Verhältnissen bewerkstelligten Flankenmarsch Adhemars bei Doryläum (S. 22) absehen, keine Spur. Die abendländische Fechtweise zielte ohne Frage, wie das für die Minderheit einem an Zahl sehr überlegenen Gegner gegenüber, zumal bei Vorwiegen der Kavallerie, das Gegebene ist, auf wuchtigen Einbruch und rasche Entscheidung. Die Dauer der Kämpfe ist daher in der Regel gering; oft wird dies durch »uno impetu«, »continuo« und ähnliche Ausdrücke angezeigt, mehrmals wird auch eine »knappe«

oder »sehr knappe Stunde« angegeben: (Doryläum, zweite Hälfte, als man die Offensive ergriff, S. 23; See von Antiochien, S. 32,1; Askalon, S. 56; Ramla 1101, S. 63; Ramla 1102, S. 66; Azotus (Fulch. 451: pugna non longa hora protrahitur)[1]). Die Schlacht bei Merdj-Sefer soll allerdings von der dritten Tagesstunde bis zum Abend gedauert haben, aber sie wird von Fulcher als so ganz ungewöhnlich schrecklich und hartnäckig hingestellt, wie keine vorher gewesen (477). Begegnungsschlachten, wie sie heute in den grossen Bewegungskriegen vielfach vorfallen, kannte man damals wol kaum. Überraschungen, welche einen Gegner mehr oder weniger unvorbereitet in das Gefecht verwickelten, so dass nicht immer eine normale Gefechtsordnung hergestellt werden konnte, sind zwar nicht selten, wie Doryläum, Hab und Harran (?), Askalon und Sarmin beweisen; in der Regel jedoch waren beide Teile vorbereitet. Denn beiderseits war man beflissen, den Zustand und die Bewegungen des Gegners durch Rekognoscirungen und Patrouillen aufzuklären. Hier seien nur Beispiele für den Aufklärungsdienst von christlicher Seite angeführt: Doryläum, S. 11; See von Antiochien, S. 27; Askalon, Raim. 303 H.; Ramla 1101, Fulch. 391 E.; Sarmin, S. 78; Athareb, S. 83, Gaut. 40[2]). Die Vernachlässigung dieses Dienstes führte im Jahre 1102 hauptsächlich zu der Niederlage bei Ramla. Von Fulcher wird es (S. 66) heftig getadelt, dass der König ohne Kenntnis von der Stärke des Feindes (ignoranter) attackirt habe.

Die Befehlshaber waren, der Entstehung der Lehnsheere gemäss, Männer aus höherer Lebensstellung, Barone,

---

1) Auch ist hier ein Gefecht bei Artah (1105) zu erwähnen, bei dessen Darstellung Fulcher (411) sagt: »audacter † in eos (rex) irruit et † illi (Turci) protinus † dorsa fugae dederunt.« Und bei Gelegenheit der Schlacht bei Ramla 1105 nennt Fulcher (414 C.) die Flucht der Feinde eine plötzliche (repentina).

2) Die Zahl der zu diesem Zweck verwendeten Reiter wird gelegentlich einmal auf 200, ein andermal auf 40 bzw. 10 angegeben. Askalon, Raim. 303 H.; Athareb, S. 25.

Grafen, Herzöge und Könige, die wol schon eine reichere Erfahrung von Hause mitbrachten. Sie führten die Truppen ihrer Territorien. Kleinere Führer waren ihnen wieder untergeordnet (S. 108).

Die Notwendigkeit einer einheitlichen Leitung im Kriege, namentlich im Gefecht, führte zunächst zur faktischen Anerkennung, dann auch zur förmlichen Wahl eines Oberbefehlshabers vor dem Kampfe. Solange Boemund beim grossen Kreuzheere war, führte er als Fähigster das Oberkommando (Doryläum, S. 11; See von Antiochien, S. 28; Antiochien, S. 37). In allen späteren Schlachten hatten die leitenden Fürsten, meist also die Könige von Jerusalem diese Stellung; nur bei Sarmin und Athareb, wo der König sammt dem Heerbann von Jerusalem fehlte, finden wir Fürst Roger von Antiochien als Oberbefehlshaber (S. 79 u. 87). Dass während des ersten Kreuzzugs der Schlachtplan von der Gesammtheit der Fürsten, die nur im Verhältnis der freien Unterordnung zu dem Oberfeldherrn standen, entworfen wurde, wenn auch unter dem überwiegenden Einfluss des letzteren, erscheint wol als selbstverständlich. Unzweideutig bezeugt ist es für die beiden Antiochischen Schlachten von 1098 (S. 25 u. 41). Später, als an Stelle der freien Unterordnung die Lehnsabhängigkeit der Territorialherrn trat, schreiben die Schriftsteller dem Oberstkommandirenden, sei es der König von Jerusalem oder der Fürst von Antiochien, die uneingeschränkte Freiheit des Handelns zu, wenn diesem auch Ratgeber zur Seite standen (siehe namentlich Gautier S. 25). Wie weit die Selbständigkeit der Unterbefehlshaber eingeschränkt war, entzieht sich unseren Blicken. Hören wir einmal von Radulf, dass unbesonnene Einzelunternehmungen Tankreds und seines Bruders Wilhelm, die das Ganze gefährdeten, von Boemund verboten worden seien (Doryläum, S. 17), so ist daraus (die Richtigkeit der Nachricht überhaupt vorausgesetzt) kaum etwas zu entnehmen, weil diejenigen, an welche der Befehl gerichtet war, ohne Zweifel im Dienstverhältnis zu Boemund standen.

Bei der Aufstellung der Truppen in Gefechtsordnung blieb wol einem jeden Führer die Formirung seines Haufens überlassen. Vor der Schlacht am See von Antiochien befahl nach den Gesten Boemund, dass jeder Fürst seine Abteilung geordnet heranführen solle (S. 29); ebenso stellte bei Askalon jeder Fürst seinen Haufen auf (S. 51). Die Ordnung des Ganzen dagegen wird regelmässig dem Oberfeldherrn zugeschrieben. Im Gefecht übte er vor allen seinen Einfluss durch die Reserve aus, welche stets zu seiner Verfügung stand. Er befand sich daher fast immer im hintersten Treffen; nur bei Sarmin finden wir ihn im zweiten oder Mitteltreffen (S. 81).

Ob Boemund als Leiter der Schlacht persönlich am Kampfe teilgenommen hat, ist fraglich; kein Schriftsteller meldet darüber etwas, während doch von den Waffentaten anderer Führer häufig die Rede ist; selbst sein Lobredner, der Verfasser der Gesta, lässt ihn beim Eingreifen der Reserve an dem Antiochischen See nicht persönlich am Gefecht teilnehmen, sondern berichtet, dass sein Waffenträger von ihm vorgeschickt worden sei (S. 8). Von den Königen von Jerusalem und dem Fürsten von Antiochien aber wissen wir es bestimmt, dass sie selbst im wildesten Kampfgetümmel fochten (Askalon, S. 52,1; Ramla 1105, Fulch. 414 A.; Askalon 1125, Fulch. 474; Merdj-Sefer, Fulch. 477; Athareb, Gaut. 85; Hab, S. 90).

Die Frage nach der kriegerischen Befähigung der Feldherrn beantworten wol am besten ihre erstaunlichen Waffenerfolge, zumal dieselben sehr häufig nur ihrem persönlichen Eingreifen zugeschrieben werden. Dass Boemund der bedeutendste Stratege des Kreuzzugs war, beweist seine Wahl zum Oberfeldherrn in schwerer Stunde, auch wenn er nicht ausdrücklich neben Raimund von Toulouse von dem Kaplan Raimund »maximus princeps« (S. 26,1) und von den Gesten »bellorum arbiter et certaminum judex« genannt würde (S. 29). König Balduin I. hat jedoch bei all seiner Tapferkeit den Zeitgenossen zu schwerem Tadel seiner Taktik Veranlassung gegeben. Die Niederlagen bei Ramla 1102 (S. 66) und am See Genezareth

1113 (Fulch. 426) werden lediglich seinem unvorsichtigen, tollkühnen Drauflosgehen mit Vernachlässigung der Ordnung, die aus der Unterschätzung der Feindes entsprang, Schuld gegeben.

Als Gefechtseinheit muss der oberste landsmannschaftliche Verband, unter dem Befehl des Stammes- oder Territorialfürsten, wie ihn das Lehnswesen mit sich brachte, angesehen werden. Wie wichtig derselbe für die Gefechtsordnung gewesen sein muss, geht daraus hervor, dass die Schriftsteller nur selten die Zahl der Heerhaufen unerwähnt lassen. Sie setzten sich aus vielen Unterabteilungen zusammen, die wol in der Regel wieder engere Landsmannschaften bildeten und deren Führer im Lehnsverhältnis zu einander standen[1]). Dass die verschiedenen Waffengattungen in einem solchen Heerhaufen vereinigt waren und im Gefecht möglichst wenig von einander getrennt fochten, würde sich wol schon aus ihrem landsmannschaftlichen Charakter von selbst ergeben, auch wenn es nicht mehrmals ausdrücklich gesagt wäre. Nach Raimund (S. 37, 38) ist das von den Schriftstellern meist für den Heerhaufen gebrauchte Wort »acies« gleichbedeutend mit »ordo duplex«, d. h. mit der aus Kavallerie und Infanterie zusammengesetzten Abteilung. Bei Gelegenheit der Askalonischen Schlacht lässt die Darstellung der Gesta (S. 52) unzweideutig erkennen, dass in der »acies« der einzelnen Fürsten das Fussvolk einbegriffen wird. Denn nach den Worten: »suas struxerunt acies. dux instruxit suam, comes Nortmannorum suam †« wird fortgefahren »ordinaverunt quippe pedites et sagittarios, qui praecederent milites †«.

---

1) Dass sie in Unterabteilungen zerfielen, wird von Fulcher mehrmals bezeugt (Doryläum, S. 11; Askalon, S. 51; Antiochien, S. 38). Die dem Lehnswesen entsprechende Zusammensetzung im Einzelnen lässt uns Albert bei Gelegenheit einer Gefechtsschilderung vom Jahre 1119 am deutlichsten erkennen (XII, 31). Da heisst es: »Godefridus et sui † ad 40 † ceciderunt: viri fortissimi † singuli reditibus terrarum et locorum possessionibus ditati in obsequio militari et ipsi equites sub se habentes alius 20, alius 10, alius 5 aut 2 ad minus.«

Einen etwas genaueren Einblick in die Bestandteile einer Landsmannschaft und der Ordnung im Gefecht gewährt uns die Schilderung eines Kampfes, welchen das Raimund'sche Corps 1098 auf dem Wege von Marra nach Archas in einem »gewissen Tale« zu bestehen hatte (Raim. 274 C.) und das ich daher kurz schildern will:

An dem steilen Abhang eines Berges lag eine feindliche, ungenannte Burg. Es galt deren Bewohner, die sich zum Teil in dieselbe, zum Teil auf die Höhe des Berges zurückgezogen hatten, zu vertreiben. In Haufen gegliedert drang Reiterei und Fussvolk die Höhe hinauf. Dabei kam es zum Kampf, der mit der Flucht der Sarrazenen endete. Während Raimund sie auf den sehr schmalen Gebirgswegen verfolgte, liessen ihn die meisten seiner Truppen im Stich und zogen mit der Beute, die sie nahe der Burg fanden, wieder zum Lager zurück; zuerst die »pauperes« »unus post alium«, dann die »pedites« und zuletzt die »milites plebei«.

Hieraus ist zu entnehmen, dass das Corps Raimunds [1]) aus vier verschiedenen Waffengattungen, aus den »milites«, »milites plebei«, »pedites« und »pauperes« zusammengesetzt war. Sie scheinen auf den sehr schmalen Wegen in umgekehrter Ordnung von dem Berge heruntergezogen zu sein, als sie heraufgekommen waren. Demnach würden die vier Waffengattungen auf dem Marsche und im Gefecht in der genannten Reihenfolge hintereinander gestanden haben. Als typisches Material für andere Gefechtsformationen werden wir diesen Fall jedoch nicht betrachten dürfen.

Später (1115 und 1119) erscheinen in den Heeren die sogenannten Turkopulen, berittene Bogenschützen, die früher noch nicht auf christlicher Seite kämpften. Wenigstens erfahren wir, dass diese Waffengattung zur Zeit der Schlacht bei Doryläum den Kreuzfahrern noch ganz unbekannt war (S. 12,1).

---

1) Der Schriftsteller Raimund redet hier ohne Frage nur von dem Corps seines Fürsten.

Wir sehen sie bei Sarmin im ersten Glied des dritten Treffens und bei Athareb im ersten Treffen stehen. Sie sollten wol wie die übrigen Schützen die Attacke der schweren Kavallerie vorbereiten. Dass sie weit schlechtere Soldaten waren als die ritterliche Kavallerie, beweisen die beiden erwähnten Gefechte. Jedesmal zeigten sie sich feig und widerstandsunfähig, stifteten durch ihre frühzeitige, regellose Flucht, welche auch die hinteren Treffen mit sich fort riss, weit mehr Unheil als Nutzen (S. 82 u. 87).

Die Zahl der in den Schlachten auftretenden Heerhaufen schwankt trotz der ungleichen Grösse der Heere auffallend wenig. Dreimal erscheinen fünf, viermal sechs, einmal sieben, einmal acht und zweimal neun. Bei dieser Berechnung sind für die Schlachten von Hazarth und Merdj-Sefer nur je sechs Raimund'sche Doppelhaufen angenommen, in der Voraussetzung, dass die Infanterieabteilungen besonders gezählt worden sind; je zwei der zwölf und dreizehn »acies« würden so eine »ordo duplex« ausmachen (S. 96. 99). Die beiden grössten Zahlen: acht und neun, gehen nur auf das grosse Kreuzheer, wenn wir von den neun Haufen bei Hab absehen, die nicht für eine eigentliche Gefechts-, sondern für eine Marschordnung gebildet waren (S. 89). Bei Doryläum und Antiochien (S. 36) nämlich zählen wir acht, bei Askalon (S. 50) neun Haufen. In allen übrigen Schlachten, in denen wir von der Anzahl der Abteilungen überhaupt etwas erfahren, in der am See von Antiochien und in sechs oder sieben anderen, die der Zeit nach dem Kreuzzug angehören, waren also die Heere in fast gleich viele, nämlich in fünf oder sechs Heerhaufen gegliedert (See von Antiochien, S. 29; Ramla 1101, S. 59; Marsivan, S. 64; Ramla 1105, S. 73; Athareb, S. 84; Hazarth, S. 77; Merdj-Sefer, S. 99). Bei Sarmin waren es zum mindesten vier, wahrscheinlich aber auch fünf Haufen, da das dritte Treffen aus zweien bestanden haben wird (S. 82).

Ihre durchschnittliche Grösse war zwar, wie es bei ihrem landsmannschaftlichen Charakter nicht anders zu erwarten ist, in den einzelnen Gefechten verschieden, aber doch nicht allzusehr. Die sechs Fälle, welche eine einigermassen sichere und genauere Berechnung der Reiterei jedes Haufens gestatten, ergeben die Zahlen: 116 (See von Antiochien, S. 30), 133 (Askalon, S. 56), 130 (Ramla 1105, S. 73), 140 (Athareb, Tab. S. 127), 77 (Hab, Tab. S. 127), 43 (Ramla 1101, S. 59). In dieser Reihe bilden die beiden letzten Zahlen Ausnahmen, weil man bei Hab, wol wegen der Bildung des Karrees mit der Stellung der Königsschar in der Mitte, mehr Haufen formirt hatte, als für eine normale Gefechtsordnung nötig gewesen wäre, und weil bei Ramla (1101) die Geringzähligkeit des Heeres als ungewöhnlich bezeichnet wird (S. 59). So bleiben für die anderen vier Schlachten fast gleiche Zahlen: 116 bis 140 Pferde.

Für das Fussvolk werden wir uns mit den fünf, oben schon genannten, sicheren Gesammtzahlen von 900, 2000, 3000 und 9000 Mann begnügen müssen, deren kleinste als aussergewöhnlich klein angegeben wird (S. 59). Wie viel Mann davon auf jede einzelne Schwadron kamen, lässt sich kaum mit einiger Sicherheit berechnen. Die in der Tabelle (S. 127) angegebenen Durchschnittszahlen von 1000, 150, 400, 600 und 285 Fussgängern für jeden Haufen, dürften der wirklichen Stärke nur wenig entsprochen haben, da die Infanterie jedenfalls in sehr ungleicher Weise den Kavallerieabteilungen zugeteilt war.

Zum Gefecht ordneten sich die Haufen treffenweise. Die Dreizahl der Treffen im Kampf erscheint als Regel. Wenn man einmal, in der grossen Schlacht bei Antiochien, in vier Treffen aufmarschirte (S. 41), so kann man dies wol als eine Ausnahme gelten lassen. Das dritte Treffen unter Adhemar von Puy konnte unter den obwaltenden Umständen (Terrain, Aufmarsch, Zahl und Stellung der Feinde) nicht die Aufgabe der Reserve erfüllen, sondern musste, wie es auch geschah, den ersten Hauptstoss der Feinde erwarten; mithin musste ein viertes Treffen für die gerade damals dringend nötige Reserve gebildet werden. Die Dreitreffenstellung ergibt sich teils sicher, teils mit grösster Wahrscheinlichkeit aus allen anderen Schlachten, in denen überhaupt eine regelrechte Gefechtsordnung hergestellt wurde (Doryläum, S. 13 Anm. 3; See von Antiochien, S. 30; Askalon, S. 56; Ramla 1101, S. 62; Marsivan, S. 64; Ramla 1105, S. 75; Sarmin, S. 81; Hazarth, S. 96). Selbst die gefechtsbereiten Marschkolonnen von Askalon und Hab weisen drei Treffen auf (S. 52. 91). Die Gefechtsformation von Athareb, auf welche offenbar das ausnahmsweise gebirgige Terrain und der Anmarsch des Feindes von drei verschiedenen Seiten bestimmend gewirkt hat, zeigt die Eigentümlichkeit, aus zwei Teilen zu bestehen, von denen wenigstens der eine aus drei treffenartig geordneten Haufen zusammengesetzt ist, während die Stellung des in zwei Haufen zerfallenden anderen Teiles nicht hinreichend deutlich hervortritt (S. 85).

Wenn auch die Zahl der in einem Treffen vereinigten Haufen sich nicht ganz gleich bleibt, so schwankt sie doch auch nur wenig. In den Kämpfen von Antiochien und Ramla (1101) setzte sich jedes Treffen aus zwei Heerhaufen zusammen (S. 42. 62), bei Hazarth wahrscheinlich ebenso (S. 97); auch dürfen wir annehmen, dass am See von Antiochien die sechs acies, welche allem Anschein nach drei Treffen bildeten, zu je zwei auf jedes derselben verteilt waren. Wo im Ganzen fünf Haufen sind, finden wir entweder im ersten oder letzten Treffen nur einen, wie bei Marsivan (S. 65) und vermutlich auch bei Ramla 1105 (S. 75). Die Ordnung bei Sarmin weist wenigstens im ersten Treffen zwei acies auf; in den anderen ist ihre Anzahl nicht bekannt (S. 79). An dem Kampfe der Südarmee bei Doryläum beteiligten sich nur drei »acies«, die sich wahrscheinlich in drei Treffen ordneten, so dass wol auf jedes derselben nur eine »acies« kam (S. 13 Anm. 3). Auch bei Athareb scheint jede acies ein besonderes Treffen gebildet zu haben (S. 85). Hiernach erscheint die Zusammensetzung eines Treffens aus zwei Haufen als die Regel. Wenn aber in der Schlacht bei Askalon die Gesten von vier (oder fünf) »acies« des ersten Treffens reden, wo wir doch nach dem Ausmarsch des Heeres in drei Treffen zu je drei »turmae« nur drei Haufen erwarten sollten, so ist hier die Möglichkeit, dass ihr Verfasser sich ungenau ausdrückt, oder dass er über die Gliederung im Einzelnen mangelhaft unterrichtet ist, nicht ausgeschlossen, zumal die Angaben der Gesta von denen Raimunds hinsichtlich der Zahl und Stellung der Haufen hier in ganz ähnlicher Weise abweichen, wie bei der Schilderung der Antiochenischen Schlacht. Auch dort zählen die Gesta sechs, Raimund jedoch acht acies. Überhaupt muss es auffallen, dass die Gesta für jede der drei letzten Schlachten des Kreuzzugs die Zahl der acies auf sechs angeben. Die ungenaue Kenntnis von der Gliederung der Heere im Einzelnen scheint den Verfasser der Gesta hier wie bei Antiochien zu einer schablonenhaften Darstellung veranlasst zu haben. Jedenfalls ist seinen Angaben über die Zahl der Haufen in den einzelnen Treffen kein Gewicht beizulegen.

Die Treffen erscheinen durchweg staffelförmig geordnet; sie standen niemals in Kolonne direkt hintereinander, sondern die einen seitwärts von den anderen. Es ist demnach eine dreifach verschiedene Stellung der Treffen möglich: entweder ziehen sich die beiden letzten nach rechts und links heraus, so dass sie links- und rechtsseitwärts-rückwärts von dem ersten stehen (s. Fig. A.), oder sie sind beide nach einer Seite geschoben, dann entsteht eine Staffel mit einem Offensiv- und einem Defensivflügel (s. Fig. B.); oder aber es ziehen sich die beiden ersten Treffen nach rechts und links, so dass das dritte in der Mitte bleibt (s. Fig. C.). Für jede dieser Stellungen finden sich Beispiele. Die zuerst erwähnte tritt uns bei Askalon

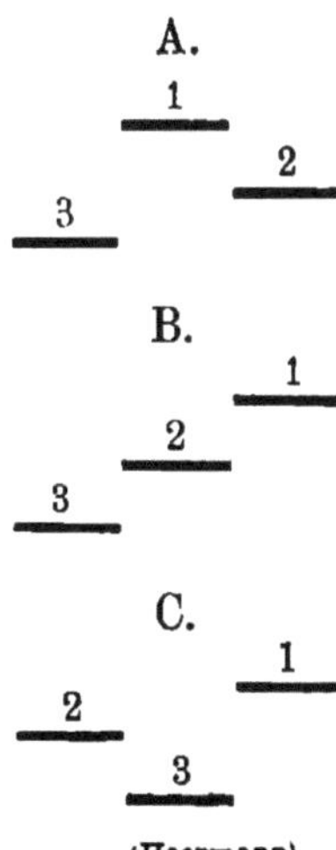

(Heermann).

(S. 56), Marsivan (S. 65), in der ersten (S. 62) und wahrscheinlich auch in der dritten Schlacht bei Ramla (S. 75) entgegen. Sie erscheint daher als die gebräuchlichste, zumal jede der genannten Schlachten in ebenem Gelände geschlagen wurde und die Christen in der Offensive waren, so dass sich der Durchführung einer normalen Aufstellung nur geringe Hindernisse entgegengestellt haben werden. Beispiele für die zu zweit genannte Ordnung liefern die Gefechte von Sarmin (S. 81) und Antiochien (S. 42). In letzterer tritt noch ein viertes Corps auf. Es ist aber weder in die Staffel der drei Treffen eingeordnet gewesen, noch hat es an der ersten und schwersten Phase des Kampfes teilgenommen. Die dritte Gefechtsordnung scheint die von Hazarth (S. 96) und Athareb (S. 86) gewesen zu sein. Sie ist nicht so gut wie die anderen bezeugt, namentlich lässt letztere Schlacht im Einzelnen manches unklar; jedoch ist auch hier wie bei Hazarth das Vorhandensein zweier vorgeschobenen Flügel und die Zurücknahme der Mitte deutlich erkennbar. Ausserdem wissen wir, dass bei Athareb der eine Flügel weiter als der andere vorgeschoben war; die Schilderung von Hazarth legt uns diese Annahme wenigstens sehr nahe. Die anderen Schlachten lassen zwar erkennen, dass sie einer von diesen drei Klassen angehören, doch erfahren wir über die Stellung der Treffen im Einzelnen zu wenig, um sie einer bestimmten zuweisen zu können. Die Ordnung am See von Antiochien (S. 30) war jedenfalls staffelförmig, da sich drei Treffen und eine gedehnte Schlachtlinie herausstellen.

Es liegt auf der Hand, dass alle diese Gefechtsordnungen durch die überwiegende Bedeutung der Reiterei bestimmt worden sind. Dass sie mit den modernen Kavallerieformationen ausserordentlich viel Ähnlichkeit haben, darf uns daher kaum Wunder nehmen. Hat doch auch die Ausrüstung der Kavallerie im Laufe der Zeit weit weniger Veränderungen erfahren, als die der Infanterie. Ihre Angriffswaffen sind heute noch im Wesentlichen dieselben wie damals. Von den Schutzwaffen dürfte nur der Schild einige Unterschiede in der Taktik begründen.

Eine Kolonnenformation erscheint nur da, wo man mit der Marsch- die Gefechtsabsicht verband. Man wollte einem marschirenden Heere die Möglichkeit schaffen, einem etwaigen Angriff von jeder der vier Seiten in der Ordnung von drei Treffen entgegentreten zu können. Man bildete daher, wie wir aus den zwei vorliegenden Fällen sehen, eine kareeförmige, sehr geöffnete (s. S. 94) Kolonne. Da wir dieselbe sowol bei Askalon (S. 50) wie bei Hab (S. 91) in neun Haufen gegliedert finden, so dürfen wir annehmen, dass diese Zahl der Haufen keine zufällige, sondern eine speziell für diese Fälle geschaffene gewesen ist. Denn für den oben angegebenen Zweck war sie augenscheinlich die einzig gegebene. Drei Haufen stellte man jedesmal an die Tete, drei an die Queue und drei in die Mitte. Der mittelste der neun Haufen diente, wie eine Reserve, zur Unterstützung jedes bedrohten Punktes. Wir sehen die Heere in dieser schwerfälligen Ordnung, welche ähnlich wol auch in der neueren Kriegsgeschichte, z. B. in Ägypten durch Napoleon I. zur Anwendung kam, ebensowol tagelang marschiren (Askalon) als siegreich kämpfen (Hab).

Über den Aufmarsch der Truppen aus der Bereitschaftsstellung in die Gefechtsordnung sind wir viel schlechter unterrichtet. Der bei Antiochien darf doch höchstens für den Fall gelten, dass sich ein Heer unmittelbar nach dem Passiren eines Defilees in Gefechtsordnung stellte. Die Staffel entwickelte sich in diesem Falle natürlich aus der Zugkolonne. Sobald die ersten Haufen aus dem Engweg heraus waren, marschirten sie in veränderter Richtung seitwärts weiter, so dass die nachfolgenden hinter ihrem Rücken vorbeiziehen konnten (S. 42). Man wird leicht einsehen, dass ein solcher Aufmarsch in jenem besonderen Falle durchaus geboten war, weil man sonst dem Gegner, der eine flankirende Angriffsrichtung hatte, die Flanke völlig preisgegeben hätte. Als Grundform für die meisten der genannten Gefechtsordnungen werden wir mit grösster Wahrscheinlichkeit die Kolonne von drei Treffen oder Zügen anzusehen haben; und da die am häufigsten vorkommende Zahl der Haufen fünf und sechs ist, so denken wir uns die normale Anmarschkolonne etwa so formirt:

I

2 1

II

4 3

III

6 5

Diese Aufstellung ist nahezu dieselbe, wie sie heute bei der Kavalleriedivision besteht, und ermöglicht am leichtesten eine schnelle Herstellung der drei verschiedenen Gefechtsordnungen. Marschirt II rechts und III links heraus oder umgekehrt, so erhalten wir die erstgenannte Gefechtsstellung; ziehen sich II und III nach einer Seite, so entsteht die zu zweit genannte Staffel. Um die dritte Ordnung herzustellen, muss sich I und II nach beiden Seiten schieben, während III stehen bleibt. Dass überhaupt gefechtsbereite Kolonnen mit drei Treffen gebildet wurden, sehen wir ja ausserdem an den oben betrachteten von Askalon und Hab. Von jener wissen wir auch, dass sie sich zu der Ordnung I entwickelte (S. 56). Jedoch ist zu beachten, dass sich in diesen besonderen Fällen die Reihenfolge der Treffen beim Aufmarsch wol geändert haben muss. Denn das Reservecorps stand in der Karreekolonne nicht im letzten, sondern im zweiten Treffen.

Die Kavalleriehaufen werden jedenfalls nur eine geringe Tiefe gehabt haben; sonst hätten so kleine Heere nicht eine Schlachtlinie von einer und zwei Millien formiren können, wie in den beiden Gefechten von Antiochien (S. 30. 42). Nehmen wir eine Millie nach der niedrigsten Berechnung zu 1000 Schritt an, so kamen am See von Antiochien auf drei Schritt zwei Reiter. Daraus folgt mit grosser Wahrscheinlichkeit, dass die Kavallerie höchstens zu zwei Gliedern rangirte, wie heute. Der Vorteil, möglichst viel blanke Waffe an den Feind zu bringen, wird bei den Rittern doch mindestens ebensogross gewesen sein, wie bei der heutigen Reiterei.

Wir haben bisher fast nur der Kavallerie unsere Aufmerksamkeit zugewendet; denn die Infanterie hat, wiewol an Zahl überlegen, auf die Grundzüge der Gefechtsordnung jedenfalls wenig Einfluss geübt. Oft wird sie von den Schriftstellern bei Beschreibung der Schlachtordnung gar nicht genannt. Ihre Haupttätigkeit fällt ohne Frage in den Beginn des Gefechts. Sie hatte es durch ihre Fernwaffen einzuleiten und stand daher, ein Vortreffen von Bogenschützen, Speerwerfern und Lanzenträgern bildend, vor der Linie der Reiterei. Während die Schützen vorgingen und mit einem Pfeilhagel den Feind überschütteten, wirkten die übrigen Infanteriewaffen vermutlich wie Unterstützungstrupps (Antiochien, S. 43; Askalon, S. 52; Athareb, S. 86. 87; Merdj-Sefer, S. 99). Auch als ein detachirter Haufe von 20 Reitern und 50 Fussgängern auf dem Wege von Jerusalem nach Joppe bei Ramla 1099 von 600 feindlichen Truppen angegriffen wurde, stellte sein Führer Galdemar die Bogenschützen in das Vordertreffen (in prima fronte; Raim. 295 A.). Einmal wird es ausdrücklich gesagt, dass die einzelnen Gattungen des Fussvolks gesondert Stellung nahmen (Antiochien, S. 43). Wir werden uns jedoch, wie bemerkt, nicht dünne moderne Schützenlinien, sondern dichte Schwärme vorzustellen haben, weil sämmtliches Fussvolk vor der geringen Reiterei versammelt war. Man würde wol sonst bei der Treffunsicherheit des Bogens einen wirksamen Pfeilhagel nicht haben erzeugen können. In späterer Zeit scheinen die Turkopulen als berittene Bogenschützen ähnliche Verwendung gefunden zu haben; wir finden sie wenigstens zweimal im Vortreffen und jedesmal auf einem Flügel (Sarmin, S. 82; Athareb, S. 87). Einmal erfahren wir, dass das Schützengefecht erst dann begann, als man in »Steinwurfweite« an den Feind gekommen war (Askalon, S. 56).

Indessen ritt die Kavallerie mit sorgsamer Wahrung der Ordnung im Schritt heran (See von Antiochien, S. 32;

Brückentor von Antiochien, S. 34; Gefecht bei Berut, Fulch. 374 D.; Rad. 608 A.[1]); Antiochien, S. 38; auch Doryläum, S. 13 Anm. 3). Um die überlegene Wirkung des feindlichen Pfeilhagels möglichst schnell abzuschneiden, ging man, sobald die Hauptmasse des Feindes hinreichend nahe gekommen war, rasch zur Attacke über. Man vermied aber Luftstösse gegen die vorgeschickten, zerstreut fechtenden Schützenschwärme (See von Antiochien, S. 32; Brückentor von Antiochien, S. 34; Askalon, S. 53. 57; Athareb, Gaut. 29). Der Angriff der Reiter erfolgte zwar in geordneter Weise, gleichzeitig und auf Kommando (Askalon, Fulch. 362 F.; Brückentor von Antiochien, Raim. 249 A.; Antiochien, Raim. 258 E.; Hazarth, S. 97) und ungeordnetes Vorstürmen wird entschieden getadelt (Ramla 1102, S. 66; See Genezareth, Fulch. 426); doch dürfen wir bei der Bewaffnung des Reiters mit Lanze, Schild und Ross, welche gewiss einen grossen Spielraum für den Mann erforderte, nicht an eine geschlossene Attacke in modernem Sinne denken. Namentlich ist hier zu beachten, dass die Reiterlanzen zum Stoss nicht eingelegt, sondern geschwungen wurden. Der stehende Ausdruck für die Bewegung derselben ist »vibrare«[2]). Wollten wir auch in den eben angeführten Stellen dem Worte »vibrare« die Bedeutung »in zitternde Bewegung setzen« geben, so gibt es doch andere, welche diese Deutung als falsch und nur die

---

1) Tancredus, quem jam nullum dimicandi latebat genus, non cursim, non rapide, non saltim, sed pedetemptim obviabat, missa eminus tolerans spicula dum eo usque processum esset, ut caderent post terga. — Wilh. 267: procedebant autem gradu lento, ita tamen, ut non permiscerentur acies neque ordines confunderentur. — Baldr. 76 D.: Christiani gradatim ibant, nec alius alium inordinate praeproperabat, — Baldr. 95: sagittarios et pedites suos ordinaverunt et ipsis praemissis pedetemtin, ut mos est Francorum, pergebant.

2) Fulch. 409 G.: lancea vibrata. — Rad. 623: lanceas vibrant. — Rob. 741: invicem alter in alterum hastas vibrant. 757: hastas † vibrantes. 791: hastales vibrationes. — Alb. 424 A.: vibrata hasta. — Gesta Franc. 517: lanceae † a nostris uno ictu et momento vibratae. 536: lanceis vibratis.

von uns gegebene möglich erscheinen lassen. Dass die »lancea« schon vor dem Stoss »vibrirte« und nicht erst nach demselben geht aus Radulf (608 A.) hervor: »lanceas vibrant, incumbitur vibratis«; und dass sie im Kreise geschwungen wurde, sagt das anstatt des »vibrare« auch einmal gebrauchte Wort »rotare« (Rad. 629 E.: Raimundica cuspis † rotat). Wer glauben sollte, unter »lanceae« und »hastae« seien Wurfspeere gemeint, sei auf die Stelle hingewiesen, wo von König Balduin erzählt wird, wie er seine mit dem Fähnchen versehene »hasta vibrata« einem Araber in den Leib stösst und dieselbe dann wieder herauszieht, um andere zu töten[1]). Zum Überfluss mag noch eine Stelle aus Albert Platz finden, aus welcher ebenfalls ersichtlich ist, dass die mit einem Fähnchen versehene Lanze, also die Stosslanze, geschwungen wurde: (308) »Gaudemarum vibrantem hastam cum signo rubei coloris«. In welcher Weise dies geschah, ist zwar nicht ersichtlich, doch ist jedenfalls zweifellos, dass dazu viel Platz nötig war. Ausserdem wird auch ausdrücklich gesagt, dass es Sitte der Krieger sei, in weitläufiger Ordnung vorzugehen (S. 94). Ein andermal hören wir, dass der Aufmarsch zum Gefecht in so weit auseinandergezogenen Linien erfolgte, wie in einer Procession (Antiochien, S. 42). Auch kommt es öfter vor, dass die Vernichtung eines Haufens den andern nicht unmittelbar in Mitleidenschaft zieht, ein Zeichen, dass auch die Abstände der Truppenkörper sehr gross waren. Der Kavallerieangriff wird also etwa den Charakter einer modernen Schwarmattacke gehabt haben. Das Handgemenge wird sich wie heute in eine Reihe von kämpfenden Gruppen aufgelöst haben; an einen eigentlichen Einzelkampf, der immer noch von manchen behauptet wird, ist jedoch nicht zu denken.

---

1) Fulch. 392 F.: (rex) hasta vibrata, in qua signum pendebat † ictu lanceae percussit Arabum † in cujus omento † idem signum memoratum remansit . lanceam autem inde extorsam, sicut ipse propius astans cernebam, ad laedendum alios prompte detulit.

Das erste Treffen führte wol in der Regel den Stoss gegen die stärkste Aufstellung des Feindes; wie es sich wenigstens in drei Fällen deutlich erkennen lässt. Bei Antiochien reitet es gegen die »virtus« (S. 41, Gesta 151 K. 39), bei Sarmin gegen die »robur hostium« (S. 80) und bei Askalon brach es teilweise ins feindliche Lager ein, wo die Hauptmasse der Ägypter versammelt war (S. 54, Gesta 162 K. 53). Das zweite Treffen sollte den Frontalangriff des ersten unterstützen; ob durch Flankenbewegungen, oder durch einfache Verlängerung der Front, oder durch Aufnahme des ersten Treffens nach misslungener Attacke, ist in den einzelnen Fällen nicht genau erkennbar; doch folgt aus der Stellung des zweiten Treffens, dass damals wie heute sein Eingreifen auf den Flügeln des ersten stattfand. Das dritte Treffen diente als Reserve und spielt in allen unseren Schlachten die wichtigste Rolle. Die Reserve führte fast immer, wenn sie nicht selbst durch feindliche Umgehungsversuche auf ihrem Platze festgehalten wurde, wie bei Antiochien, Askalon (S. 53. 58) und vielleicht auch bei Sarmin (S. 82), Athareb (S. 87) und Askalon 1125 (Fulch. 474), durch ihr Eingreifen die Entscheidung herbei (See von Antiochien, S. 32; Ramla, 1101, S. 63; Ramla, 1105, S. 75; Hab, S. 93). Dass auch bei Merdj-Sefer der Reserve ein hervorragender Anteil am Siege zufiel, möchte aus den Worten Fulchers (477) »optime se habuit rex noster in die illa †« genügend deutlich hervorgehen. Bei Gelegenheit einer Schlacht bei Askalon (1125) drückt sich derselbe Schriftsteller so aus, als ob es sich ganz von selbst verstände, dass der »in posteriore parte« stehende König »in prima acierum fronte« erscheine (Fulch. 474): »quamlibet rex nondum in prima acierum suarum fronte advenisset, quia in posteriore parte sollicitus se retardabat, ut suis callide fugientibus, si necessitas urgeret, adjutor existeret: anteriores nostri cursores † irruerunt.« Auch wenn die Reserve festgehalten wurde durch Umgehungsmanöver der Feinde, hing doch von dem Erfolg ihres Kampfes der Ausgang der Schlacht ab. Ihre grosse Bedeutung lässt sich nur mit der Napoleonischen

Reserve der Freiheitskriege vergleichen. Die ganze Taktik scheint auf ihren entscheidenden Stoss berechnet gewesen zu sein. Die schon aufgelösten und in Unordnung geratenen feindlichen Massen konnten niemals, wie es scheint, den frischen Kräften widerstehen. Selbst wenn der Feind eine völlige Umklammerung durchgeführt und schon mehrere Treffen zersprengt oder ins Wanken gebracht hatte, stellte die Wucht des Reserveangriffs die Schlacht wieder her. Ein starkes Schwanken des Kampfes, die Zersprengung einiger Haufen oder Treffen, die völlige oder teilweise Umfassung des Ganzen und dann der befreiende Stoss der Reserve unter Führung des Oberbefehlshabers auf den Punkt, wo der Feind am meisten drängte, und der endliche Sieg sind die in den meisten Schlachten wiederkehrenden charakteristischen Hauptzüge. Dass die Reserve seitwärts ins Gefecht eingriff, wie heute, geht aus ihrer oben dargelegten Stellung hervor. Bei Doryläum wirkte unter aussergewöhnlichen Verhältnissen die im Rücken erscheinende Nordarmee wie eine Reserve (S. 22).

Im ersten Treffen zu stehen, zuerst an den Feind zu kommen galt, wie die Schlachten bei Sarmin (S. 79), Athareb (S. 84) und wol auch die bei Antiochien (S. 41) zeigen, für eine besondere Ehre. In Antiochien hatte 1119 sogar ein Corps ein hierauf bezügliches Vorrecht (Athareb, S. 84). Wir wollen hier nicht unerwähnt lassen, dass auch auf dem grossen Kreuzzuge Robert von Flandern in den drei letzten Schlachten im ersten Treffen genannt wird (See von Antiochien, S. 31 Anm. 1; Antiochien, S. 36; Askalon, S. 56). Dass Boemund als Oberfeldherr stets das letzte Treffen führte, solange er im grossen Heere war, ward früher schon gesagt.

Bei der Kavallerieattacke musste sich das Fussvolk, um die Front frei zu machen, hinter die Flügel und durch die gewiss grossen Intervalle der Kavalleriekörper zurückziehen. In einigen Gefechten finden wir es denn auch während des Reiterkampfes im Rücken der Kavallerie (Antiochien, S. 44;

Ramla, 1101, S. 61; Joppe, S. 67; Merdj-Sefer, S. 99). Hier bildete es wahrscheinlich ein neues Treffen, um sich am ferneren Kampf durch Entsendung eines über die Köpfe der Reiter hinweggehenden Pfeilhagels zu beteiligen und den Rücken und die Flanken der Kavallerieabteilung zu decken. Nur die Schlacht bei Antiochien zeigt die Infanterie in beiden Stellungen vor und während des Reitergefechts (S. 44). Dass es auch in den Abständen der Schwadronen aufgestellt war oder doch wenigstens unter Umständen durch sie hindurch zum Nahkampf überging, beweist das Gefecht am Brückentor von Antiochien (S. 34) und wol auch das bei Merdj-Sefer (S. 99). Bei Doryläum, wo Ausnahmeverhältnisse obwalteten, finden wir es zwar im Rücken der Reiterei, aber augenscheinlich ganz passiv und ohne dass es vorher den Kampf vor der Front der Reiterei eingeleitet hätte (S. 14). In der karreeförmigen Kolonne von Hab stand es ebenfalls bei Beginn des Kampfes nicht vor der Kavallerie, sondern von vorn herein unmittelbar hinter den Reiterhaufen an der Tete. Es sollte also entweder über die Köpfe der Reiter hinwegschiessen oder durch die weiten Abstände der Schwadronen vorgehen oder beides tun (S. 91). Wir dürfen annehmen, dass das Fussvolk in der Kolonne von Askalon denselben oder einen ähnlichen Platz gehabt hat, weil der Zweck und die Form derselben im übrigen die gleiche war.

Zeigt auch die Infanterie der ganz hervorragenden Bedeutung der Reiterei gegenüber in unserer ganzen Periode eine grosse Unselbständigkeit, so ist doch ein fortwährendes Steigen ihrer Kriegstüchtigkeit bemerkbar. Bei Doryläum wurde sie zu untergeordneten Aufgaben im Hintertreffen verwendet (S. 14), von der Schlacht am Antiochenischen See schloss man sie gar trotz der geringen Reiterzahl wegen ihrer Unbrauchbarkeit im Gefecht aus und überliess ihr nur die Verteidigung des Lagers (S. 26). Dies ungünstige Urteil über die Fussgänger wird durch eins der ersten Gefechte unter den Mauern Antiochiens bestätigt (Raim. 243 E.). Bei einem der Ausfallskämpfe am

Ende des Jahres 1097 hatte Raimund mit seiner Reiterei die Belagerten schon über die Stadtbrücke wieder zurückgeworfen, als das in Haufen geordnete christliche Fussvolk, welches eine zurückgezogene Stellung eingenommen hatte, in den Kampf eingriff; es hatte jedoch seine Ordnung nicht gewahrt, sondern war in ungegliederter Masse (permixtim) herbeigekommen, hatte zudem seine Feldzeichen zurückgelassen und ergriff schliesslich in so törichter und kopfloser Weise die Flucht, dass es sich auf die noch Stand haltende Reiterei warf, sich an deren Waffen und an den Zügeln und Schwänzen der Rosse anklammerte, die Reiter abwarf oder mit sich fortriss; alles geriet in wildeste Verwirrung, deren Folge eine gänzliche Niederlage war[1]).

Die zahlreichen Gefechte um Antiochien, an denen die Fussgänger immer teilnahmen, scheinen einen nicht geringen Einfluss auf die Tüchtigkeit des Fussvolks ausgeübt zu haben. In der grossen Entscheidungsschlacht hat es, wie es scheint, zum ersten Mal an einer Feldschlacht regelrechten Anteil genommen. Seine Haltung wird von den Schriftstellern gerühmt (S. 44). Bei der kleinen Zahl von Pferden muss ihm ein nicht geringer Anteil an dem so glänzenden Siege zugefallen sein. Seitdem ist niemals wieder eine regelrechte Schlacht ohne die Infanterie geschlagen worden. Die Kämpfe von 1102 lassen eine grössere Selbständigkeit und Tüchtigkeit derselben hervortreten, da sie einmal im Stande war, wenigstens eine Zeit lang den feindlichen

---

1) Ob der von Raimund angegebene Grund, die Verfolgung eines ledigen Pferdes durch einige Reiter in der Richtung nach ihrem Lager habe bei dem Fussvolk die Meinung hervorgerufen, die Kavallerie fliehe, die eigentliche Ursache der allgemeinen Flucht gewesen sei, oder ob es ein erneuter Angriff des Feindes verbunden mit einer Umgehung der Christen »per vadum« gewesen sei, lässt sich schwer entscheiden. Da dieser Kampf nur mit »aliquantis militibus« unternommen wurde, also nur ein kleines Scharmützel war, so lässt sich wol die Flucht aus einer so geringfügigen Ursache erklären, wie sie Raimund angiebt.

Angriff ohne Reiterschutz auszuhalten (Joppe, S. 68), und da die Niederlage bei Ramla (1102) auf das Fehlen der Infanterie zum Teil zurückgeführt wird (S. 66). Aber die Annahme von Delpech, nach welcher dieselbe zuerst ganz unbrauchbar gewesen sein soll, bis 1102 eine eigentliche »Linieninfanterie« hervortrete, eine neue Taktik, der Kampf mit verbundenen Waffen beginne und eine eigentümliche Kareeformation in Anwendung komme, erscheint unhaltbar (Joppe, S. 68). Natürlich stieg Erfahrung und Übung und somit auch der Wert der Infanterie bei dem Mangel an berittenen Kriegern nach Jerusalems Eroberung fortwährend, aber eine Änderung ihrer Taktik ist nicht wahrzunehmen. Die Schlacht bei Joppe zeigt gerade recht deutlich, dass das Fussvolk noch vollständig auf den Schutz der Reiter angewiesen war (S. 68), und 1119 sehen wir es bei Athareb noch in derselben Stellung wie 1098 bei Antiochien kämpfen (S. 86); auch bei Hab ist es noch wie früher auf den Schutz der Reiterlanzen angewiesen: als dieser versagte, war es gänzlicher Vernichtung preisgegeben (S. 90. 93). Dass dann im Jahre 1125 die Bürger Jerusalems einer feindlichen Reiterschar, die einen Handstreich auf die Stadt versuchte, zu Fuss erfolgreichen Widerstand leisteten, kann doch für die grosse Taktik kaum in Betracht gezogen werden. Hätte man auch, wie Delpech behauptet, ein »Carré« formirt, so würde das durchaus nichts neues sein; denn in solchen Fällen, wo einzelne abgeschnittene und umklammerte Abteilungen gezwungen waren zu kämpfen, bildeten schon 1098 sowol die Fussgänger wie die Reiter Knäuel (Vorpostengefecht an dem Provençalenkastell, S. 35; Antiochien, S. 44). Dies scheint so häufig vorgekommen zu sein, dass es Radulf als ein Zeichen ganz regelloser Flucht ansieht, wenn die Fliehenden nicht einmal mehr daran dachten, dies zu tun (Rad. 629 F.: nec fuga gyrum senserant, adeo fugere, est sperare salutem). Erst in der letzten Schlacht unserer Periode tritt uns die nicht sicher verbürgte Neuerung entgegen, dass es das Fussvolk hauptsächlich auf Erlegung der feindlichen

Rosse abgesehen und damit grossen Erfolg gehabt habe (Merdj-Sefer, S. 100).

Wir werden im allgemeinen der damaligen Gefechtsführung einen verhältnismässig hohen Grad der Ausbildung nicht absprechen dürfen: sie vereinigte in sich die Treffentaktik mit der Lineartaktik, die Wucht der Reitermassen mit dem Ferngefecht der Infanterie. Während die Aufstellung der Umgehungsgefahr möglichst vorbeugte, besass sie doch genügende Stosskraft. Da man fast immer in der Ebene zum Schlagen kam, konnte sich eine bestimmte Gefechtsform leichter ausbilden und befestigen, als da, wo das Terrain zur Änderung der Normalordnung zwingt. Auch die aussergewöhnliche Erfahrung und Übung muss auf die Ausbildung und Festigung der Fechtweise den grössten Einfluss geübt haben. Denn auch nach dem grossen dreijährigen Feldzuge haben die Waffen der Kreuzfahrer selten geruht. Die Könige Jerusalems kamen wenig aus dem Sattel.

Die Siege des grossen Kreuzheeres waren auf lange hinaus entscheidend: in dem dreijährigen Feldzug sind, wiewol man doch unaufhaltsam in ein feindliches Land vordrang und selbst im Winter nicht ruhte, nur vier grössere Schlachten zu verzeichnen. Dass aber die Christen, wiewol bald auf eine handvoll Streiter zusammengeschmolzen, stets eine siegreiche Offensive durchführen konnte, ist wol mit dem Umstande zuzuschreiben, dass auch der feindliche Widerstand beim weiteren Vordringen immer schwächer wurde. Die vorderasiatischen Heere, welchen selbst ihre Feinde die volle Anerkennung ihrer kriegerischen Tüchtigkeit nicht versagen[1]), wurden nur mit

1) Gesta 129 K. 3: quis unquam tam sapiens aut doctus vir audebit describere prudentiam militiamque et fortitudinem Turcorum? † † nullus homo naturaliter debet esse miles nisi Franci et illi. veritatem dicam, quam nemo audebit prohibere: certe si in fide Christi † fuissent † † ipsis potentiores vel fortiores vel bellorum ingeniosissimos nullus invenire potuisset † †

Mühe trotz der noch frischen, ungeschwächten Kraft des Kreuzheeres niedergeworfen; die mesopotamischen und syrischen oder gar die ägyptischen Kontingente dagegen wurden von einer kleinen Minderheit, die noch dazu in dem denkbar schlechtesten Zustand sich befand, schnell auseinandergeworfen. Allerdings fiel auch die fanatische Begeisterung und die Notwendigkeit, stets um Sein oder Nichtsein kämpfen zu müssen, ins Gewicht.

Berichtigung.

Auf Seite 32 Zeile 16 ist anstatt »Reiterschwadron« »Reserveschwadron« zu lesen.

Schlachten	Jahr	Stärke der Reiterei	Stärke des Fussvolks	Gesammtstärke	Zahl der Heerhaufen	Durchschnittsgrösse der Kavallerie-haufen	Durchschnittsgrösse der Infanterie-haufen	Verhältnis von Kavallerie u. Infanterie.
Doryläum . . .	1097	—	—	—	8	—	—	—
See von Antiochien	1098	700	—	700	6	120	—	—
Antiochien . .	1098	(500—600)	—	—	8	(60—70)	—	—
Askalon . . .	1099	1200	9000	10200	9	133	1000	1 : 7
Ramla . . .	1101	260	900	1160	6	43	150	1 : 3½
Marsivan . . .	1101	—	—	—	5	—	—	—
Ramla	1102	200	—	—	—	—	—	—
Joppe	1102	200	—	—	—	—	—	—
Ramla	1105	700	2000	2700	5	130	400	1 : 4
Sarmin	1115	—	—	—	5 ?	—	—	—
Athareb . . .	1119	700	3000	3700	5 ?	140	600	1 : 4
Hab	1119	700	—	—	9	77	—	—
Azotus	1123	—	—	8000	—	—	—	—
Hazarth . . .	1125	1100	2000	3200	13 (6+7)	(183)	(285)	1 : 2
Merdj-Sefer . .	1126	—	—	—	12 (6+6)	—	—	—

Namenregister.

(Die abgekürzt citirten Personennamen und die allgemeinen Völkernamen wie Franken, Türken, Orientalen u. ä. sind ausgeschlossen. Die Namen der drei Schriftsteller Raimund von Agiles, Fulcher von Chartres und die »Gesta Francorum« sind nur an wichtigen Stellen aufgeführt. Die Zahlen bezeichnen die Seiten; die in Klammer gesetzten deuten auf die nur in den Anmerkungen vorkommenden Namen der betreffenden Seite.)

Lebenslauf.

Ich, Gottlieb Ludwig Otto Heermann, Sohn des Gymnasialoberlehrers a. D. Adolf Heermann, bin am 29. März 1859 in Hersfeld geboren. Meinen ersten Unterricht empfing ich in der Bürgerschule und darauf im Königlichen Gymnasium daselbst. Nachdem ich dieses im März 1880 mit dem Zeugnis der Reife verlassen hatte, widmete ich mich in Leipzig und Marburg dem Studium der Geschichte, Philologie, Geographie und Religion und hörte dort die Vorlesungen von Drobisch, von Norden, Voigt, Lange, Curtius, Hildebrand, Heinze, Masius, Delitsch, Biedermann, Wundt, Overbeck, Seydel, Pückert, Wenck, Hahn und Holzapfel, hier die von Varrentrapp, Lenz, Cäsar, Schmidt, Fischer, Lucae, Bormann, Rein, Ranke, Cohen, Bergmann und Birt. Ausserdem besuchte ich in Leipzig das unter Leitung von Arndt, v. Norden und Meyer stehende historische Seminar und die philologische Gesellschaft von Holzapfel; in Marburg nahm ich an den historischen Seminar-Übungen von Varrentrapp, Lenz und Bormann und an den geographischen Übungen von Rein und Fischer teil. Allen diesen Herren sage ich meinen wärmsten Dank.

Nach Ablegung der wissenschaftlichen Prüfung an der Marburger Universität am 10. Juli 1885 begann ich am Gymnasium zu Hersfeld meine pädagogische Tätigkeit, wo ich zur Zeit noch beschäftigt bin.